LA COMPTABILITE FACILE POUR TOUS
avec des exercices et leurs corrigés

AF855336

Charles Groc de Salmiech

LA COMPTABILITE FACILE POUR TOUS

avec des exercices et leurs corrigés

NOUVELLE EDITION

EDITIONS DE VECCHI S.A.
20, rue de la Trémoille
75008 PARIS

Malgré l'attention portée à la rédaction de cet ouvrage, l'auteur ou son éditeur ne peuvent assumer une quelconque responsabilité du fait des informations proposées (formules, recettes, techniques, etc.) dans le texte.
Il est conseillé, selon les problèmes spécifiques – et souvent uniques – de chaque lecteur, de prendre l'avis de personnes qualifiées pour obtenir les renseignements les plus complets, les plus précis et les plus actuels possible.

© 1989 Editions De Vecchi S.A. – Paris
© 1997 Nouvelle édition mise à jour. Editions De Vecchi S.A. – Paris
Imprimé en Italie

La loi du 11 mars 1957 n'autorisant, aux termes des alinéas 2 et 3 de l'article 41, d'une part, que les « copies ou reproductions strictement réservées à l'usage privé du copiste et non destinées à une utilisation collective » et, d'autre part, que les analyses et les courtes citations dans un but d'exemple et d'illustration, « toute représentation ou reproduction intégrale, ou partielle, faite sans le consentement de l'auteur ou de ses ayants droit ou ayants cause est illicite » (alinéa 1er de l'article 40).
Cette représentation ou reproduction, par quelque procédé que ce soit, constituerait donc une contrefaçon sanctionnée par les articles 425 et suivants du code pénal.

Avant-propos

La comptabilité est à la fois une science et un art, mais c'est aussi une technique dont les mécanismes ne sont pas évidents. L'apprentissage est long: on compte deux ans pour un simple CAP d'aide-comptable; le brevet professionnel est réputé pour être difficile et on peut ensuite se perfectionner en faculté en vue de certificats d'études supérieures; si l'on vise l'expertise, on doit tabler sur un minimum de sept années de travail...
De telles études sont réservées aux seuls professionnels. Pourtant, un jour ou l'autre, par la force des choses, nous sommes tous confrontés à des problèmes comptables, si ce n'est sur le plan professionnel, ce sera sur celui du privé.
C'est à l'intention de ceux qui ne sont pas familiers des mécanismes comptables et qui veulent y voir un peu plus clair dans un bilan que nous avons rédigé cette initiation destinée aux adultes, quelle que soit leur formation. A la fin des principaux chapitres nous proposons des exercices simples dont on trouvera les corrigés en fin d'ouvrage.
Ce petit livre n'a pas – à notre connaissance – d'équivalent, il correspond à un besoin réel et nous souhaitons au lecteur un grand profit à son étude et beaucoup de joie...

L'AUTEUR

Premier chapitre
L'ART DES COMPTES

UN PEU D'HISTOIRE

Il est probable que l'idée de comptabilité naquit en même temps que l'écriture. L'histoire nous renseigne assez bien sur les systèmes de comptes en usage chez les peuples de l'Antiquité, en particulier chez les Egyptiens, les Hébreux, les Grecs et les Romains.

Jusqu'à la fin du Moyen Age, la comptabilité était tenue **à partie simple** et ce ne fut qu'en 1494 qu'un moine du Saint-Sépulcre, le frère Luc Paccinolo, découvrit que les mouvements de valeurs se font toujours entre deux valeurs. Cette géniale découverte fut la source du développement de la comptabilité et de son prodigieux essor.

La comptabilité comporte deux branches essentielles:

- la comptabilité générale qui a pour fonction de permettre l'établissement du bilan et de déterminer les résultats d'exploitation, c'est-à-dire les bénéfices ou les pertes;
- la comptabilité analytique destinée à établir les coûts et prix de revient.

Comptabilité générale et comptabilité analytique utilisent des **comptes**. On peut définir la comptabilité comme *l'art de tenir les comptes*.

QU'EST-CE QU'UN COMPTE?

La vie de tous les jours nous donne de nombreux exemples de comptes: le relevé de banque, les bordereaux des chèques postaux sont des comptes, c'est-à-dire des tableaux d'enregistrement de sommes qui viennent en plus ou en moins et dont on fait la différence. Un tel tableau peut se schématiser de la manière suivante:

Compte X...

Libellé	*Débits*	*Crédits*

On distingue quatre éléments essentiels.

1. **L'intitulé**, ou titre du compte, ici « Compte X... ». Nous pourrions avoir par exemple, à la place de X, *frais de personnel*, *primes d'assurances*, *chauffage*, qui sont des comptes de dépenses ou de « charges ». Il y a aussi des comptes pour les recettes ou « produits », des comptes financiers (*Caisse*, *Banque*, *Chèques postaux...*), des comptes pour les immobilisations, etc.
   Un « Plan Comptable » donne la liste des comptes utilisés dans une entreprise: on trouvera au chapitre XI la liste des principaux comptes du plan comptable officiel.

2. **La colonne des libellés** destinée à recevoir certaines indications indispensables tels la date de l'opération, le numéro des pièces, etc...

3. **La colonne des débits**, à gauche, où sont inscrites les sommes que *reçoit* le compte, c'est-à-dire qui viennent en augmentation. C'est donc dans cette colonne que l'on porte les entrées de caisse et de banque ainsi qu'il sera expliqué plus loin.

4. **La colonne des crédits**, à droite, où sont inscrites les sommes qui viennent en diminution ainsi que nous allons l'expliquer. Un exemple simple nous aidera à comprendre.

   Le jeune Jean-Jacques note avec soin ses recettes et ses dépenses. En février, il a noté les opérations suivantes:

Reçu des parents	300	
Fournitures scolaires		50
Reçu pour services rendus	150	
Donné à un pauvre		10
Ticket bus		20
Carte cantine		125
Dictionnaire anglais		75
Réparation vélo		120
Cinéma		10
	450	410

Nous arrivons au résultat suivant: le total des recettes se monte à 450 F et le total des dépenses à 410 F; il reste donc 40 F dans la poche de Jean-Jacques.

Le Doit et l'Avoir

Le total des entrées de caisse, soit 450 F, représente tout ce que la caisse a reçu. On dit, en la « personnalisant », tout ce qu'elle *doit* à Jean-Jacques. Le total des sorties, soit 410 F, représente tout ce que la caisse a fourni, c'est un *avoir* pour la caisse.

Dans tout compte, le *Doit*, ou *Débit*, est porté dans la colonne des « entrées », à gauche; l'*Avoir* ou *Crédit*, à droite, dans la colonne des « sorties ». C'est ce que l'on voit dans le compte de Jean-Jacques avec ses recettes et dépenses.

Débiter un compte, c'est porter une somme dans la colonne des débits, c'est-à-dire en « entrées », *créditer* un compte, c'est porter une somme dans la colonne des « crédits », c'est-à-dire en « sorties », à droite.

Si le Doit ou Débit, et l'Avoir ou Crédit, sont égaux, le compte est *balancé*, ou « soldé ». Dans le cas contraire, la différence entre le débit et le crédit s'appelle le *solde*.

Le solde est *débiteur* **si le Doit ou Débit est supérieur à l'Avoir**; le solde est *créditeur* **si l'Avoir ou Crédit est supérieur au Doit**.

Le compte caisse de l'exemple ci-dessus est débiteur: la caisse « doit » 40 F à Jean-Jacques. Les comptes Caisse, Chèques postaux, Banque sont – en principe – toujours débiteurs: il y a de l'argent en dépôt à la banque, donc la banque vous doit cet argent.

Tirer le solde d'un compte, c'est en calculer le solde, puis le *balancer*. Pour cela, il suffit d'écrire le solde du côté le plus faible puis de placer les totaux égaux du Doit et de l'Avoir sur une même ligne horizontale et de les souligner d'un double trait.

Rouvrir un compte, c'est porter le solde du côté inverse où il figurait à la balance.

Le compte « Caisse » de Jean-Jacques se présente donc ainsi:

CAISSE

	Débits	*Crédits*
Reçu des parents	300	
Fournitures scolaires		50
Reçu pour services rendus	150	
Don		10
Ticket bus		20
Carte cantine		125
Dictionnaire anglais		75
Réparation vélo		120
Cinéma		10
	450	410
Reste en caisse (solde)		40
	450	450
A nouveau	40	

Remarque: arrêter, balancer, solder, fermer un compte sont des expressions pratiquement synonymes.

LA CONTREPARTIE

Jean-Jacques a déboursé 75 F pour acheter un dictionnaire d'anglais. Que s'est-il passé au point de vue comptable?
Il s'agit d'abord d'une dépense et l'on va la porter au débit

d'un compte de dépenses – ou de charges – par exemple « Frais d'études ». Ensuite, la bourse de Jean-Jacques, qui a fourni cette somme, a diminué d'autant: il faut donc porter une somme de 75 F au crédit de ce compte, c'est-à-dire dans la colonne de droite du compte Caisse.

Toute opération comptable est double, elle affecte toujours deux comptes: **le compte qui fournit**, ici la caisse que l'on crédite de 75 F, et le **compte qui reçoit**, ici le compte « Frais d'études » qui a reçu 75 F sous forme d'un dictionnaire d'anglais.

Toute écriture a obligatoirement sa **contrepartie**: à chaque dépense correspond une sortie de caisse (ou d'un autre compte ainsi que nous l'apprendrons plus tard); à toute recette correspond une entrée de caisse (ou d'un autre compte).

Comptabilité à partie double

Nous savons que, dans tout compte, les entrées de valeurs correspondent au Doit ou au Débit et les sorties à l'Avoir ou Crédit:
– entrées = Doit = Débit,
– sorties = Avoir = Crédit,
d'où le principe comptable:
tout compte qui reçoit est débité; tout compte qui donne est crédité.
Dans notre exemple, la caisse a fourni 75 F, on la crédite de 75 F; le compte « Frais d'études » a bénéficié d'un dictionnaire de 75 F, on le débite donc de cette somme. En résumé, toute opération comptable intéresse obligatoirement deux comptes, le compte qui donne et le compte qui reçoit. Cette double opération doit donc figurer parallèlement dans chacun des comptes intéressés. C'est ce qu'on appelle **tenir la comptabilité à partie double**.

Recettes et dépenses

Dans les cahiers et carnets de caisse où l'on note à la main les entrées et sorties d'espèces, les colonnes « Débits » et « Crédits » sont intitulées « Recettes » et « Dépenses ».
Il en est de même pour la banque et les chèques postaux. Si on note sur un cahier les opérations effectuées par la banque, les chèques reçus sont portés dans la colonne « Recettes » et les chèques émis dans la colonne « Dépenses ».

RECETTES = entrées = débits

DEPENSES = sorties = crédits

Une règle pratique

On hésite parfois entre le compte à débiter et le compte à créditer. Avec un peu de réflexion, on arrive assez vite à trouver la solution de ce petit problème. D'ailleurs, lorsqu'il y a un mouvement de trésorerie, tel un règlement en espèces ou par chèque, il est facile de voir dans ces comptes le mouvement de l'opération. Si l'on a versé des espèces, si l'on a tiré un chèque, il faut **créditer** le compte caisse, le compte banque; si l'on a encaissé de l'argent liquide, si on nous a remis un chèque que nous portons à la banque, on **débite** alors la caisse, la banque.
Ainsi, les 150 F que Jean-Jacques a reçu de ses parents pour avoir rendu de menus services à la maison seront portés au débit de la caisse, colonne de gauche et au crédit du compte « Recettes diverses ».
Les débutants sont souvent décontenancés – si ce n'est choqués – par cette façon de procéder qui, avouons-le, n'est pas évidente. Il leur semble, tout au contraire, qu'on devrait créditer la caisse des 150 F reçus, ou la banque du montant du chèque qu'on a remis à son guichet!

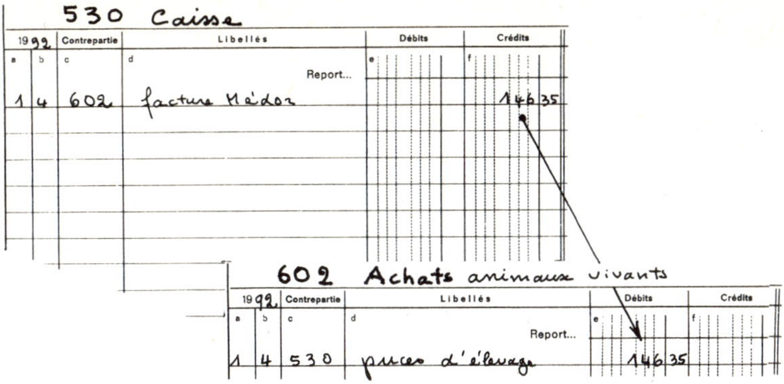

N.B. Quand on règle une dépense en espèces, la somme est portée au crédit de la caisse.

Un exemple de comptabilité

Les simples enregistrements de caisse de Jean-Jacques vont nous servir à donner un exemple élémentaire de comptabilité à partie double.
Nous allons ouvrir les comptes suivants: Caisse, Recettes diverses, Frais d'études, Transports, Dépenses diverses.
Ces comptes se présenteront de la manière suivante:

Caisse

	Débits	*Crédits*
Reçu des parents	450	
Dépenses		410

Recettes diverses

	Débits	*Crédits*
Reçu des parents		300
Pour services rendus		150
		450

Frais d'études

	Débits	*Crédits*
Fournitures scolaires	50	
Dictionnaire anglais	75	
Cantine	125	
	250	

TRANSPORTS

	Débits	*Crédits*
Ticket bus	20	
Réparation vélo	120	
	140	

Dépenses diverses

	Débits	*Crédits*
Cinéma	10	
Don	10	
	20	

La balance de contrôle

L'enregistrement de toute opération donnant obligatoirement lieu à un débit et à un crédit équivalents, il en résulte une égalité constante, une **balance** entre le total des débits et le total des crédits. Cette égalité permet un contrôle facile et rigoureux des écritures.
En reprenant *tous* les comptes de notre exemple, y compris la caisse, nous établissons la balance suivante:

Balance

	Débits	*Crédits*
Caisse	450	410
Recettes diverses		450
Frais d'études	250	
Transports	140	
Dépenses diverses	20	
	860	860

L'égalité des débits et des crédits de la balance est la preuve que les écritures ont été correctement passées. C'est aussi pour nous une démonstration simple du mécanisme de la comptabilité à partie double.

Le plan comptable

On appelle « Plan comptable » la classification rationnelle des comptes d'une entreprise. Le « Plan comptable général », le seul officiel en France depuis 1947, légèrement modifié en 1957, a été mis à jour par le *Plan comptable révisé* en application depuis 1983.

Selon la définition qu'il en donne, **le compte est la plus petite unité retenue pour le classement et l'enregistrement de la nomenclature comptable**.

Le Plan comptable général – ou PCG – propose:

- une codification des comptes établis suivant le système décimal et d'après la classification des faits, se référant principalement à des notions économiques et juridiques;

- des précisions, lorsqu'il est nécessaire, pour l'enregistrement des mouvements de valeurs;
- une terminologie explicative;
- des modalités générales d'évaluation des différents éléments de l'actif;
- des modèles de comptes d'exploitation, de résultat et de bilan;
- des méthodes de détermination des coûts, des prix de revient et de résultat.

La comptabilité générale

La comptabilité générale a pour but d'établir un bilan faisant ressortir les dettes et les créances de l'entreprise et de déterminer le résultat final de l'exercice, c'est-à-dire le bénéfice brut et le bénéfice net.
La comptabilité générale utilise à cette fin:

1 – Les comptes de Bilan

Ces comptes sont destinés à établir l'inventaire:
- de tout ce que **l'on a**: espèces en caisse, dépôts en banque, immeubles, outillage, véhicules, divers, créances...;
- de tout ce que **l'on doit**: emprunts, sommes dues aux fournisseurs, effets à payer...

2 – Les comptes de Gestion

Ces comptes correspondent, en gros, aux recettes et aux dépenses; salaires du personnel, achats de marchandises et de matières premières, impôts et taxes, primes d'assurances, frais financiers,... ventes de marchandises, recettes diverses...

3 – Les comptes de Résultat

Ces comptes servent à déterminer le bénéfice brut et le bénéfice net en fonction des recettes et dépenses de l'exercice en cours, mais aussi des recettes et dépenses exceptionnelles ou concernant des exercices antérieurs.

CADRE COMPTABLE

Le PCG propose un *cadre comptable* constitué de **classes** avec la liste des comptes à deux chiffres. Les classes 1 à 5 concernent les comptes de Bilan, la classe 6 les charges (dépenses) et la classe 7 les produits (recettes). La classe 8, elle, est réservée à des comptes spéciaux et la classe 9 à la comptabilité analytique.
Voici donc le cadre comptable:

Classe 1 – Comptes de capitaux
Classe 2 – Comptes d'immobilisations
Classe 3 – Comptes de stocks et d'en cours
Classe 4 – Comptes de tiers
Classe 5 – Comptes financiers
Classe 6 – Comptes de charges
Classe 7 – Comptes de produits
Classe 8 – Comptes spéciaux
Classe 9 – Comptabilité analytique d'exploitation

On trouvera au chapitre X une nomenclature des principaux comptes du Plan comptable général.

EXERCICES

Pour vous familiariser avec le mécanisme des comptes, nous vous proposons quelques exercices simples exigeant peu de temps. Vous vérifierez votre travail à l'aide des corrigés qui se trouvent à la fin du livre. Vous aurez vite compris les mécanismes et les subtilités de la comptabilité... en passant d'agréables moments!

Exercice 1

Vous êtes un fidèle client de M. Baratte, le gérant de la crèmerie voisine. C'est à lui que vous vous adressez pour vos fournitures de lait, de fromage, de beurre et d'œufs. Vous ne payez pas comptant, mais par des acomptes en fin de semaine. Vous aimeriez savoir exactement où vous en êtes pour solder votre compte à la fin du mois. Vous avez en main les éléments suivants:

- restait dû au début du mois: 90 F;
- 4 livraisons de beurre respectivement à 16, 10, 20 et 16 F;
- 4 livraisons d'œufs à 18 F l'une;
- 4 livraisons de fromage respectivement à 8, 14, 6 et 10 F;
- versement d'un acompte de 60 F.

• **Etablissez le compte de M. Baratte et calculez le montant du chèque que vous devrez établir pour solder le compte.**

Exercice 2

Jean-Jacques avait 100 F en poche au début du mois; il a reçu 100 F à l'occasion de son anniversaire et il a gagné 150 F pour avoir rendu de menus services. Il a acheté une carte de piscine 50 F, des livres et de la papeterie pour

80 F; il a dépensé 50 F au cinéma et à la patinoire, il a acheté un disque 30 F et a prêté 100 F à un camarade.

- **Aidez Jean-Jacques à faire ses comptes.**

Exercice 3

Thomas, étudiant, a fait de la représentation pendant ses vacances. Il est tout fier de vous exposer ses exploits financiers:

« J'ai vendu pour 1 500 F de livres, 400 F de disques, 1 000 F d'objets divers et j'ai été payé « cash ». Mon patron m'a envoyé 6 000 F pour les commandes que je lui ai transmises. J'ai déboursé 1 200 F pour la voiture, 3 000 pour l'hôtel et le restaurant, 40 F de timbres-poste, 60 F de journaux et 40 F de cigarettes. Ah! J'allais oublier: la police de la route m'a gratifié d'un P.V. et j'ai dû débourser 300 F! »

- **Veuillez établir le compte de caisse de Thomas.**
- **Ouvrez les comptes suivants:** Frais de voiture, Frais de voyage, Frais divers et imprévus, Ventes (directes et par commandes), et **portez les sommes correspondantes dans chacun de ces comptes**.

Exercice 4

Vous êtes stagiaire à la garderie Ludo-Vic et l'intendant vous demande d'établir le compte du jeune Bertrand qui quitte l'établissement. Son père, qui vient le chercher, remet un chèque de 900 F en vous disant « Gardez la monnaie! ».

Vous savez que l'enfant était au Ludo depuis six mois, que le prix d'hébergement était de 800 F par trimestre et qu'il devait 30 F pour fournitures « extra », 10 F de frais de promenade, 4 F de timbres-poste et 40 F de médicaments avancés par l'établissement ainsi que 100 F pour un billet de chemin de fer. Le père avait d'autre part remis 1 000 F en espèces le jour de la rentrée.

• **Etablissez le compte Bertrand et précisez le montant de la « monnaie » laissée par le père de Bertrand.**

Exercice 5

Odile est la caissière de la famille. Elle a noté avec soin les opérations suivantes effectuées dernièrement: reçu de Philippe 200; ventes légumes du jardin 900; vente fruits du jardin 300; remis à Christian 1 000; vente fromage 400; vente lait 500; remis à Simone 100; reçu de Philippe 200; remis à Christian 1 100; payé engrais 200.

• **Etablissez le compte de la caisse tenue par Odile et calculez combien il reste d'espèces.**

• **Ouvrez les comptes suivants:** Philippe, Christian, Simone, Vente produits jardin, Vente produits laitiers, Dépenses.

Exercice 6

Mademoiselle Rose tient une boutique de fleuriste. A la fin de chaque semaine, elle remet à un comptable le résumé des opérations effectuées.

Voici son dernier relevé:

– *Vente fleurs*: par caisse 4 123, par chèques postaux 1 512, par chèques bancaires 3 024;
– *Achat de fleurs*: payé par caisse 364, payé par chèques postaux 518, payé par chèques bancaires 1 120;
– *Dépenses réglées par virement postal*: femme de ménage 875, loyer 2 450;
– *Dépenses payées par chèque bancaire*: téléphone 315.

• **Ouvrez les comptes suivants:** Banque, Chèques postaux, Caisse, Achats de fleurs, Charges diverses (femme de ménage, loyer...) et ventes de fleurs.

• **Inscrivez dans chaque compte les sommes qui doivent y figurer puis faites une balance de contrôle.**

Exercice 7

Monsieur Carton, papetier, s'adresse à Monsieur Bonne-Pâte pour la totalité des fournitures dont il a besoin dans son commerce.
Il a noté avec soin les opérations réalisées avec lui au mois d'octobre:

le 3: sa facture 700; le 7: sa facture 350; le 9: mes espèces 560; le 12: sa facture 2 100; le 14: mon virement postal 700; le 18: mon chèque 1 400; le 21: sa facture 1 400; le 24: sa facture 1 450; le 25: sa facture 1 700; le 28: mon chèque 1 500; le 30: mon virement postal 1 300.

• **Ouvrez le compte « Fournisseur Bonne-Pâte » dont vous calculerez le solde.**

Exercice 8

Monsieur Carton a comme client les usines Cocotte & Cie. Au mois d'octobre, il a réalisé avec elles les opérations suivantes:

le 4: ma facture 565; le 8: ma facture 210; le 10: chèque de Cocotte 710; le 13: virement postal de Cocotte 690; le 15: ma facture 495; le 19: espèces de Cocotte 800; le 22: ma facture 840; le 25: ma facture 980; le 31: virement postal de Cocotte 775.

• **Ouvrez le compte « Client Cocotte » dont vous calculerez le solde.**

Exercice 9

Reprenez les éléments des exercices 7 et 8 de M. Carton.

• **Ouvrez en plus les comptes suivants dont vous calculerez les soldes**: Banque, Chèques postaux, Caisse, Achats de marchandises, Ventes de marchandises.

• **Etablissez une balance de contrôle.**

Exercice 10

• **Etablissez le compte « Client Carton » dans la comptabilité de Bonne-Pâte et le compte « Fournisseur Carton » dans la comptabilité des usines Cocotte & Cie.**

• **Comparez ces comptes avec ceux tenus par Monsieur Carton.**

Vous constatez que les débits dans une comptabilité correspondent aux crédits dans l'autre; et réciproquement: ce sont des comptes « réciproques ».

Remarque sur les comptes réciproques

- Quand vous remettez un chèque à votre banque, la banque crédite votre compte du montant de votre chèque et ce crédit figure sur le relevé de la banque. Dans votre propre comptabilité, vous avez débité le compte banque du montant du chèque que vous lui avez remis.

- C'est l'opération inverse quand vous émettez un chèque: la banque débite votre compte dans sa comptabilité et vous créditez le compte banque dans votre propre comptabilité.

Chapitre II
LE BILAN

QU'EST-CE QU'UN BILAN?

Un bilan est un inventaire, l'inventaire des biens possédés par une entreprise, l'inventaire de ses créances et de ses dettes. L'**actif** est constitué par la valeur des biens et le montant des créances, le **passif** correspond aux dettes.
Prenons un exemple: Olivier est établi artisan depuis quelques années. Pour y voir clair dans ses affaires, il dresse l'inventaire de ses biens: outillage, matériel, marchandises en stock, etc... ainsi que de ses dettes et créances, sans oublier la trésorerie. Il obtient les chiffres que nous exposons dans le premier tableau de la page suivante.
Cette situation présentée sous forme d'un compte est un **bilan**. On comprend qu'il existe une grande différence entre le bilan et les comptes de gestion qui correspondent, plus ou moins, aux recettes et aux dépenses.
D'une importance capitale pour toute entreprise, le bilan fait apparaître la situation financière, ou « *patrimoniale* », en particulier le montant des dettes – sommes dues à divers titres – et le montant de ce que doivent les tiers, notamment les clients, ainsi que la valeur des immobilisations.
En examinant ce bilan, nous constatons que l'actif se monte à 250 000 F et le passif à 200 000. La différence entre Actif et Passif, soit 50 000 F, correspond au **capital**.

Situation au 1er octobre

	Débits	*Crédits*
Matériel, mobilier, immobilisations	112 000	
Outillage	57 000	
Fourgonnette	15 000	
Marchandises	46 500	
Espèces en caisse	6 000	
Dépôts aux chèques postaux	3 500	
Dépôts en banque	5 000	
Dû par les clients	5 000	
Factures à payer		25 000
Emprunté à la famille		100 000
Traites acceptées		75 000
	250 000	200 000

Bilan au 1er octobre

Actif		*Passif*	
Matériel, mobilier		Capital	50 000
Immobilisations	112 000	Emprunt	100 000
Outillage	57 000	Fournisseurs	25 000
Fourgonnette	15 000	Effets à payer	75 000
Marchandises	46 500		
Caisse	6 000		
Banque	5 000		
Chèques postaux	3 500		
Clients	5 000		
	250 000		250 000

Cette forme traditionnelle de présentation du bilan n'est pas toujours utilisée, spécialement avec les moyens mécanographiques où l'on préfère le tracé habituel des comptes tel que nous l'avons utilisé jusqu'ici.

Classification des comptes de bilan

Les comptes de bilan sont répartis dans les cinq classes suivantes: comptes de capitaux, comptes d'immobilisations, comptes de stocks et en cours, comptes de tiers et comptes financiers.

- *Classe 1 – Comptes de capitaux*
  Les comptes de la classe 1 regroupent les comptes de capitaux propres, les provisions pour risques et charges, les emprunts et les dettes et les comptes de résultat.

- *Classe 2 – Comptes d'immobilisations*
  Les immobilisations comprennent tous les biens et toutes les valeurs destinés à rester durablement sous cette forme dans l'entreprise: terrains, constructions, matériel et outillage, installations...

- *Classe 3 – Comptes de stocks et d'en cours*
  Ces comptes comprennent les matières premières, les approvisionnements, les marchandises et produits divers ainsi que les produits « en cours » de fabrication.

- *Classe 4 – Comptes de tiers*
  Les comptes de la classe 4 enregistrent les opérations, en général à court terme, effectuées par les tiers et, en particulier, les fournisseurs, les clients, le personnel, l'Etat...

– *Classe 5 – Comptes financiers*
Ces comptes ont pour objet d'enregistrer les mouvements de valeurs tels qu'espèces, chèques, coupons, opérations effectuées avec les banques et les établissements financiers. On en trouvera la liste au chapitre X.

La formation du bilan

Un exemple simple va nous aider à comprendre le mécanisme de fonctionnement des comptes à l'intérieur du bilan.
Jean-Jacques a réalisé des économies: il dispose de 20 000 F en espèces et de 80 000 F en banque. Il veut utiliser son « capital » pour créer un commerce. Son bilan initial se présente de la manière suivante:

Bilan au 1er janvier

	Actif	*Passif*
Capital		100000
Caisse	20000	
Banque	80000	
	100000	100000

Puisque Jean-Jacques n'a pas de dettes, son capital est égal à son actif.
Il retire maintenant 10 000 F de la banque car il a besoin d'espèces. Cette opération n'est ni une recette ni une dépense, c'est une nouvelle répartition des postes du bilan: il

a maintenant 30 000 F en caisse et il ne lui reste plus que 70 000 F en banque mais, le compte Capital n'a pas varié. Le bilan se présentera donc de la manière suivante:

Bilan au 2 janvier

	Actif	*Passif*
Capital		100000
Caisse	30000	
Banque	70000	
	100000	100000

Jean-Jacques veut acheter un fonds de commerce 250 000 F mais il n'a pas assez d'argent, aussi doit-il emprunter 200 000 F. Le fonds de commerce est une immobilisation et figure, de ce fait, à l'actif du bilan tandis que l'emprunt apparaît au passif. Jean-Jacques règle d'autre part 50 000 F par chèque bancaire. Après la réalisation de cette opération, son bilan se présente ainsi:

Bilan au 3 janvier

	Actif	*Passif*
Capital		100000
Fonds de commerce	250000	
Emprunt		200000
Caisse	30000	
Banque	20000	
	300000	300000

Jean-Jacques achète ensuite 80 000 F de matériel qu'il règle en acceptant des traites, puis il se constitue un stock de marchandises se montant à 15 000 F qu'il règle par chèque. Voici le nouveau bilan:

BILAN AU 4 JANVIER

	Actif	*Passif*
Capital		100000
Fonds de commerce	250000	
Matériel	80000	
Stocks	15000	
Emprunt		200000
Caisse	30000	
Banque	5000	
Effets à payer (traites)		80000
	380000	380000

Cet exemple nous aide à comprendre le fonctionnement des comptes à l'intérieur du bilan. Nous aurons l'occasion de revenir sur cette question à plusieurs reprises, en particulier avec les charges et les produits et leur incorporation au bilan.
Les exercices ci-dessous vont nous aider à mieux assimiler ces diverses notions.

EXERCICES

Exercice 11

Vous avez fait l'inventaire de ce que possède le groupe de jeunes dont vous êtes le trésorier et vous avez noté:

– actif: matériel divers 1 765 F, stocks magasin (foulards, insignes, brochures...) 1 920 F, prêté à un jeune 100 F, caisse 365 F.
– passif: factures en retard 300 F; trimestre en retard (location local) 600 F.

• **Etablissez le bilan et précisez le capital de ce groupe de jeunes.**

Exercice 12

Marie-Claire prépare un CAP de comptable. En vacances chez ses parents, elle vante l'intérêt d'une comptabilité régulièrement tenue. Son père la prend au mot « Eh bien, essaye un peu de dresser le bilan de la ferme familiale! ». Marie-Claire relève le défi en utilisant les éléments suivants:

– Valeur des terres 225 000 F;
– Valeur des bâtiments et dépendances 450 000 F;
– Cheptel vif 90 000 F;
– Cheptel mort 247 500 F;
– Denrées consommables (foin, engrais...) 22 500 F;
– Caisse 6 750 F;
– Chèques postaux 11 250 F;
– Banque 12 800 F;
– Valeurs mobilières (actions et obligations) 45 000 F;
– Emprunt Crédit Agricole 450 000 F;
– Emprunt Crédit Foncier 400 000 F;
– Prêts aux enfants 12 500 F;
– Prêts à la Coopérative 132 000 F;
– Traites à payer 20 250 F;

• **Etablissez le bilan de la ferme.**

Exercice 13

La Maison « Mimi & Phiphi » a décidé de tenir sa comptabilité d'une manière plus régulière qu'elle ne l'a fait jusqu'à ce jour. Le gérant vous demande d'établir un premier bilan à partir des éléments suivants:

- Valeur du mobilier 135 000 F;
- Valeur des installations 150 000 F;
- Matériel divers 67 500 F;
- Voiture 20 250 F;
- Prêt à la maison « Loulou » 87 500 F;
- Prêt à la Maison « Pierrot » 33 750 F;
- Prêt à diverses personnes dont liste jointe 47 250 F;
- Caisse 20 200 F;
- Chèques postaux 303 700 F;
- Traites à payer 108 000 F;
- Factures en retard 94 500 F;
- Dû à Jean-Jacques 135 000 F;
- Dû à Olivier 54 000 F;
- Dû à « Micro-Bidule » 73 650 F.

• **Présentez le bilan de la Maison « Mimi & Phiphi ».**

Exercice 14

Après avoir soigneusement examiné le bilan que vous venez d'établir de la maison « Mimi & Phiphi » (exercice précédent), le gérant règle par virement postal les factures à payer et ses dettes envers Jean-Jacques et Olivier. Il fait ensuite rentrer l'argent dû par Loulou, Pierrot et divers emprunteurs et verse ces sommes ainsi récupérées à la banque où on lui ouvre un compte. Les traites à payer ont été réglées ainsi que la dette envers Micro-Bidule.

• **Ouvrez les comptes nécessaires et présentez un nouveau bilan.**

Exercice 15

Antoine est chargé de fonder un foyer de jeunes travailleurs et on lui confie à cette fin 200 000 F en espèces et 600 000 F en titres de placement (obligations).

- **Ouvrez les comptes:** Caisse, Capital, Valeurs mobilières.

- **Présentez un bilan initial.**

Exercice 16

Antoine achète 720 000 F, tous frais compris, une maison qu'il baptise « Joyeux Castel ». Il fait un emprunt hypothécaire de 400 000 F dont le montant est versé à la banque. Il négocie les obligations à leur valeur nominale et ce montant est porté au compte banque, sauf 20 000 F en espèces (on supposera qu'il n'y a aucun frais de banque). Enfin, il règle le « Joyeux Castel » par chèque.

- **Ouvrez les comptes:** Immobilisations, Trésorerie, Emprunt.

- **Présentez le nouveau bilan.**

Exercice 17

Antoine commence à équiper le foyer: les installations et aménagements reviennent à 300 000 F qu'il règle par traites acceptées. Il achète aussi une voiture d'occasion 10 000 F et un lopin de terre pour en faire un terrain de sport 12 000 F. Il règle ces deux achats par chèques.

Les frais du premier établissement (à porter au compte des Immobilisations) se montent à 24 000 F et sont réglés par chèque. On consent à Antoine un prêt, de faible intérêt, se montant à 200 000 F versés à la banque. Antoine achète aussi 250 000 F d'obligations qui sont réglées par prélèvement sur le compte bancaire.

• **Ouvrez les comptes nécessaires et présentez un bilan dans lequel vous regrouperez les principaux comptes.**

Chapitre III
LES COMPTES DE GESTION

Les comptes de gestion enregistrent les recettes et les dépenses de l'entreprise. Ces mouvements de valeurs affectent presque toujours des comptes financiers et il en résulte une modification du bilan.

COMPTES DE GESTION ET BILAN

Supposons le bilan initial suivant:

BILAN

	Actif	*Passif*
Capital		160000
Immobilisations	150000	
Caisse	4000	
Banque	6000	
	160000	160000

Que va-t-il se passer si l'on effectue une dépense? Supposons que l'entreprise ait réglé par caisse 3 200 F de frais de gestion (salaires, impôts, primes d'assurance...). Il ne reste plus que 800 F en caisse (4 000 – 3 200). Le bilan

n'est plus équilibré, il va manquer 3 200 F à l'actif. Pour rétablir l'équilibre on doit porter une somme de 3 200 F à l'actif, c'est-à-dire une somme qui corresponde au montant des dépenses.
L'inverse se passe pour les recettes. Supposons qu'il ait été perçu un chèque de 3 800 F pour une vente. Le compte banque se monte alors à 9 800 F. Pour rétablir l'équilibre nous portons les recettes au passif. Le nouveau bilan se présentera ainsi:

BILAN

	Actif	*Passif*
Capital		160000
Immobilisations	150000	
Caisse	800	
Banque	9800	
Dépenses et recettes	3200	3800
	163800	163800

Nous pouvons donc formuler la règle suivante:
- le montant des soldes débiteurs des comptes de gestion vient à l'actif du bilan;
- le montant des soldes créditeurs vient au passif du bilan.

Supposons qu'en fin de mois on veuille récapituler les recettes et les dépenses d'une entreprise, nous aurions, par exemple, les comptes de gestion suivants:

Dépenses (charges)

	Débits	*Crédits*
Achats	2200	
Salaires	5200	
Impôts et taxes	1600	
Frais divers	3200	
Transports	1400	
	13600	

Recettes (produits)

	Débits	*Crédits*
Ventes au détail		3800
Ventes en gros		9300
Exportations		2100
Divers		1500
		16700

Pour que le bilan soit en équilibre, il nous faut donc porter le montant des dépenses, soit 13 600 F à l'actif et le montant des recettes, 16 700 F au passif mais, dans la pratique, ne figure au bilan que la différence entre les recettes et les dépenses.

Si les recettes sont supérieures aux dépenses, il y a **bénéfice**: *le bénéfice est porté au passif du bilan.* Dans l'hypothèse inverse, il y a **déficit** ou **pertes**: *le déficit est porté à l'actif.*

Dans notre exemple et en reprenant le premier bilan, les recettes étant supérieures aux dépenses, le bénéfice (16 700 – 13 600, soit 3 100 F), va figurer au passif:

BILAN

	Actif	*Passif*
Capital		160 000
Immobilisations	150 000	
Trésorerie [1]	13 100	
Bénéfice		3 100
	163 100	163 100

[1] Trésorerie = Caisse (4 000) + Banque (6 000) − Charges payées (13 600) + Recettes encaissées (16 700).

LE COMPTE DE RESULTAT

Selon le Plan comptable, le montant des charges est porté au débit du compte 12 « Résultat » et le montant des produits au crédit de ce compte. C'est le solde de ce compte qui donne le bénéfice ou déficit.

Le *compte résultat* sert aussi à comptabiliser la différence de stocks, les charges et produits exceptionnels et les charges et produits imputables à des exercices antérieurs. Des exemples vont nous aider à comprendre.

Au cours d'un exercice allant du 1er janvier au 31 décembre, une entreprise a commandé pour 100 000 F de fuel. Peut-on en déduire que la dépense de fuel a été de 100 000 F au cours de l'exercice? Bien sûr que non car la cuve pouvait être pleine, ou en partie pleine le 1er janvier et vide, ou en partie vide, au 31 décembre, et la réciproque peut aussi se rencontrer.

Si la valeur du fuel restant début janvier était estimée à 30 000 F, il faut ajouter ces 30 000 F à la valeur consommée tout au cours de l'année; si elle était de 5 000 F au 31 décembre, il faudra donc déduire la valeur de ce qui reste.

La consommation réelle est donc:
100 000 + 30 000 – 5 000 = 125 000 F
Si, au contraire, début janvier, il n'y avait eu que 3 000 F de fuel dans la cuve et s'il en était resté pour 33 000 F fin décembre, la consommation aurait donc été de:
100 000 + 3 000 – 33 000 = 70 000 F

Pour tenir compte de ces variations de stock, on porte au débit du compte de charges la valeur initiale du stock et en crédit sa valeur en fin d'exercice. Le montant des achats est porté au débit de ce compte au fur et à mesure de leurs réalisations. Nous avons ainsi:

ACHATS DE FUEL

	Débits	*Crédits*
Stock au 1er janvier	3000	
Achats de fuel	100000	
Stock au 31 décembre		33000
	103000	33000
	– 33000	
Dépenses de fuel pendant l'année	70000	

On procède de même pour tous les achats. Nous reviendrons plus tard sur le fonctionnement du compte « Stocks » figurant au bilan dans la classe 3.

Il arrive aussi que l'entreprise supporte des pertes exceptionnelles ou des pertes intéressant des exercices antérieurs. Il en est de même pour les profits exceptionnels et les profits sur exercices antérieurs. On utilise alors les comptes 67 et 77 – et leurs subdivisions – et ce sont les soldes des comptes de la classe 6 et de la classe 7 qui sont virés au compte 12 Résultat.

LA BALANCE DE CONTROLE

Dès le premier chapitre de cette initiation, nous vous avons présenté une balance. Nous allons y revenir car elles vont aussi nous permettre d'approfondir nos connaissances sur les mécanismes de la comptabilité.
Nous savons qu'à chaque débit correspond un crédit et qu'à chaque crédit correspond un débit. Il s'ensuit que **le total de tous les comptes débiteurs doit être égal au total de tous les comptes créditeurs**, qu'il s'agisse aussi bien des comptes de bilan que des comptes de gestion.

Soit donc la balance suivante établie en prenant le solde de **tous** les comptes de la comptabilité, sans aucune exception:

BALANCE

Débits	*Crédits*
10875	2000
2698	1215
933	843
1659	5976
21722	12568
4567	9836
1235	6985
456	3699
989	2565
365	1583
789	
300	
77	
169	
436	
47270	47270

Puisque le total des débits est égal au total des crédits, nous pouvons en conclure que notre comptabilité est juste selon toute vraisemblance (compensation toujours possible), et que nous n'avons oublié aucun compte.

Nous allons montrer une autre manière de présenter la balance, non seulement pour l'intérêt que cela peut présenter dans certains cas, mais aussi pour aider le lecteur à mieux saisir le mécanisme des rapports entre bilan et gestion.

La balance ci-dessus peut être présentée comme ci-dessous pour faire ressortir séparément les comptes de bilan et les comptes de gestion:

BALANCE

	Soldes débiteurs	***Totaux débits***	***Soldes créditeurs***	***Totaux crédits***
Comptes de bilan	10875		2000	
	2698		1215	
	933		843	
	1659	16165	5976	10034
Comptes de gestion	21722		12568	
	4567		9836	
	1235		6985	
	456		3699	
	989		2565	
	365		1583	
	789			
	300			
	77			
	169			
	436	31105		37236
		47270		47270

Nous pouvons ainsi faire ressortir clairement le montant total des charges, soit 31 105 F et le montant total des produits 37 236 F.
Nous pouvons donc en déduire le bénéfice suivant:

Total des produits		37 236 F
Total des charges	–	31 105 F
		6 131 F

Cette somme de 6 131 F correspond donc au bénéfice, mais également à la différence entre l'actif et le passif du bilan.
Nous avons, en effet:

Actif (soldes débiteurs)		16 165 F
Passif (soldes créditeurs)	–	10 034 F
		6 131 F

Nous retombons donc sur la même différence de 6 131 F et nous arrivons à cette constatation: le résultat de l'exercice – un bénéfice ou une perte – présente la remarquable particularité de figurer à la fois au bilan et au solde des comptes de gestion, **il forme donc le pont entre ces deux grandes catégories de comptes** et permet de passer de l'un à l'autre.
Examinons les chiffres de notre exemple:

Comptes de bilan

	Actif	*Passif*
Total des soldes débiteurs	16165	
Total des soldes créditeurs		10034
Résultat (bénéfice)		6131
	16165	16165

Comptes de gestion

	Actif	*Passif*
Total des produits		37236
Total des charges	31105	
Résultat (bénéfice)	6131	
	37236	37236

Nous pouvons en déduire le schéma suivant:

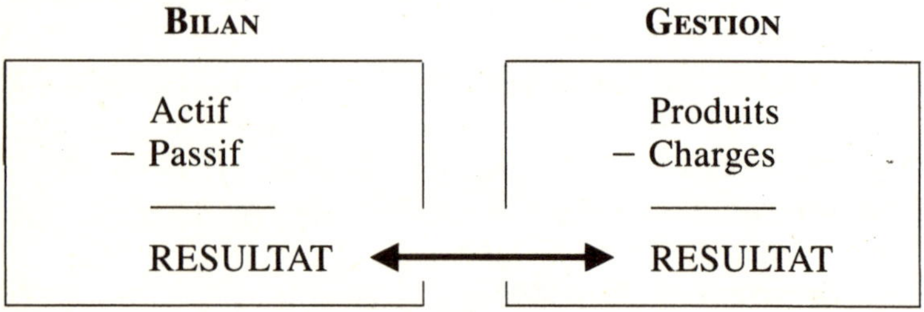

CADRE COMPTABLE

Vous trouverez ci-dessous les différents comptes de gestion des classes 6 et 7 dont les soldes sont virés au compte résultat.

CLASSE 6

60 Achats et variations de stocks
(approvisionnements et marchandises)
61 Charges externes (en relation avec l'investissement):
location et charges locatives, travaux d'entretien et de réparations, primes d'assurances,...
62 Charges externes (en relation avec l'activité):
transports et déplacements, frais postaux et de télécommunications, services bancaires,...
63 Impôts, taxes et versements assimilés
64 Charges de personnel
65 Charges de gestion courante
66 Charges financières
67 Charges exceptionnelles:
– de gestion de l'exercice
– sur exercices antérieurs
68 Dotation de l'exercice:
– aux amortissements
– aux provisions
69 Participation des salariés
Impôts sur les bénéfices

CLASSE 7

70 Vente de produits fabriqués et de marchandises, prestations de services

71 Production stockée
72 Production immobilisée
73 Produits nets partiels sur opérations à long terme
74 Subventions d'exploitation
75 Autres produits de gestion courante
76 Produits financiers
77 Produits exceptionnels:
- de gestion de l'exercice
- sur exercices antérieurs
78 Reprise sur amortissements et provisions
79 Transfert de charges

EXERCICES

Exercice 18

M. Ducoin, épicier, veut dresser le bilan de son affaire à la date du 1er janvier. Il a noté les éléments suivants:

- Valeur des immobilisations (matériel, installations...) 90 000;
- Dû par les clients 22 000;
- En banque 9 000;
- Aux chèques postaux 6 000;
- En caisse 3 000;
- Emprunt 100 000;
- Dû aux fournisseurs 12 000;
- Traites à payer 4 000.

• **Etablissez le bilan.**

Exercice 19

Pendant le mois de juillet, M. Ducoin (exercice ci-dessus) a réalisé les opérations suivantes:

- Par caisse: ventes 32 000, achats marchandises 6 000, salaires 1 600, entretien 300, eau gaz électricité 200, frais divers de gestion 400;
- Par banque: payé traite 2 000, réglé fournisseurs 4 000;
- Par chèques postaux: réglé fournisseurs 2 000; reçu d'un client 1 000.

• **Calculez le bénéfice brut, présentez le bilan et les comptes de gestion au 31 juillet.**

Exercice 20

Odet et Odette viennent de se marier et ils ont dû s'équiper. Pour voir plus clair dans leur situation financière, ils notent le détail de leurs récentes opérations:

- Reste en caisse 6 400;
- Acheté voiture d'occasion 13 000 sur laquelle il reste 9 000 F à payer par traites acceptées;
- Acheté divers meubles 6 000 déjà payés moitié comptant par caisse et le solde en 10 traites égales;
- Acheté équipement cuisine 6 900 dont il reste à régler 4 000 en 20 traites;
- Acheté réfrigérateur 1 600 dont il reste à payer 1 200 en 12 traites égales;
- Acheté télévision 3 000 dont il reste à payer 2 000 en 10 traites;
- Reste dû aux fournisseurs 1 600.

• **Etablissez un premier bilan.**

Exercice 21

Odette (exercice précédent) a noté les opérations effectuées durant le mois de juin:

- Recettes: appointements Odet 6 700, appointements Odette 5 900, primes et allocations diverses 2 850;
- Débours: réglé diverses traites 2 580, acomptes aux fournisseurs 1 200, alimentation 1 600, frais voiture 360, gaz 450; Odet a acheté 2 obligations à 2 000 F l'une.

• **Etablissez le nouveau bilan et les comptes de charges et produits.**

Exercice 22

Odile est sans travail et il lui vient à l'esprit de faire des travaux de dactylographie à façon tout en restant chez ses parents. Encouragée par un bon début, elle achète ensuite du matériel de photocopie et une machine à adresser. Le succès appelant le succès, sa petite entreprise s'agrandit, ce qui va nous permettre d'exercer nos talents neufs de comptable.

Pour débuter, Odile consacra à cette entreprise ses modestes économies soit 3 000 F – son « capital » – et emprunta 3 000 F à des amis. Avec ces modestes moyens, elle put acheter une machine à écrire d'occasion, 2 400 F, dont elle régla le tiers comptant et le solde en deux traites mensuelles.

• **Dressez un premier bilan.**

Exercice 23

Suite de l'exercice 22. Le premier mois, Odile a vendu pour 3 200 F de travaux mais elle a dû se munir de diverses fournitures de bureau (papier, carbone, rubans...)

qui lui ont coûté 1 680 F; elle a réglé la première traite de la machine à écrire et sa famille lui a donné 500 F à l'occasion de son anniversaire, somme qu'elle porte au compte « Capital ».

• **Présentez un bilan et précisez le résultat.**

Exercice 24

Suite de l'exercice 23. Le deuxième mois reste encourageant: Odile a exécuté pour 10 800 F de travaux et elle n'a eu que 600 F de frais. Elle a pu régler la deuxième traite de la machine à écrire et acheter du matériel de bureau: table dactylo, classeurs, etc... pour la somme de 6 000 F réglés par traites acceptées.

• **Présentez un nouveau bilan et précisez le nouveau résultat.**

Exercice 25

Suite de l'exercice 24. Les clients sont satisfaits, les commandes arrivent, il faut encore du nouveau matériel (machine à écrire, photocopieur, etc...). Odile, débordant de dynamisme, achète du matériel en liquidation après faillite pour 18 500 F. Elle verse un acompte de 3 000 F et accepte cinq traites pour le solde (on négligera les frais d'agios). Elle règle une traite de 1 600 F.

Ce mois-ci, les travaux ont atteint 13 800 F et les frais 1 750 F. En outre, elle a « gagné au loto » 2 400 F. Elle porte cette somme au compte « Capital ».

• **Présentez son nouveau bilan.**

Exercice 26

Suite de l'exercice 25. Les mois se sont écoulés, l'affaire s'est agrandie et Odile dispose maintenant d'un matériel plus important acquis pour la somme de 54 000 F lors d'une liquidation. Sur ces dernières acquisitions elle doit encore 36 000 F par traites acceptées, mais les autres effets sont réglés depuis longtemps et l'emprunt a été remboursé. Les commandes se sont élevées à 90 000 F et les frais à 6 000 F.

- **Dressez un nouveau bilan et donnez le résultat.**

Exercice 27

Une petite entreprise vous communique les chiffres suivants:

- Stocks début exercice 12 000, fin exercice 11 500;
- Total des charges de l'exercice 96 000;
- Total des produits 144 000;
- Pertes sur exercices antérieurs 3 500;
- Profits sur exercices antérieurs 9 500;
- Pertes exceptionnelles 23 700;
- Produits exceptionnels 7 200.

- **Présentez le compte « Résultat ».**

Exercice 28

On vous communique les renseignements suivants concernant une entreprise artisanale:

- Capital 100 000;
- Immobilisations 130 000;

– Stocks début exercice 24 200;
– Fin exercice 25 800;
– Dû aux fournisseurs 17 350;
– Dû par les clients 18 100;
– Trésorerie 26 100;
– Effets à payer 32 650;
– Charges de l'exercice 136 300;
– Produits de l'exercice 187 700;
– Charges sur exercices antérieurs 5 650;
– Produits sur exercices antérieurs 150;
– Charges exceptionnelles 300;
– Produits exceptionnels 2 800.

• **Etablissez le compte de résultat et le bilan.**

Exercice 29

M. Goujon, directeur d'une fabrique de cannes à pêche, vous communique les éléments suivants:

• Comptes de bilan au 1er janvier
– Immobilisations 43 000;
– Stocks 31 720;
– Fournisseurs 20 980;
– Clients 14 070;
– Trésorerie 11 210;
– Effets à payer 39 020.

• Comptes de bilan au 31 décembre
– Immobilisations 45 000;
– Stock 32 800;
– Fournisseurs 7 827;
– Clients 1 971;
– Trésorerie 20 229;
– Effets à payer 37 173.

• Charges et produits de l'exercice
- Charges 183 286
- Produits 201 175;
- Charges sur exercices antérieurs 5 089;
- Produits sur exercices antérieurs 6 120;
- Charges exceptionnelles 7 100;
- Produits exceptionnels 2 100.

• **Etablissez un bilan au 1er janvier (définissez-en le capital), un compte de résultat et un bilan au 31 décembre.**

Remarque: certains exercices vont vous paraître un peu compliqués. Refaites-les après avoir étudié le prochain chapitre, ils vous sembleront alors élémentaires.

Rappel: Trésorerie = caisse + banque + chèques postaux...

Chapitre IV
LES DOCUMENTS COMPTABLES ET COMMENT LES UTILISER

La comptabilité s'établit à partir de documents comptables et de pièces justificatives. Ces éléments de travail revêtent une importance de premier plan car ils sont la justification des écritures et présentent, de ce fait, une valeur de preuve légale tout en gardant un intérêt de consultation et de vérification privilégié.

Le plus important de tous ces documents est le *Livre-Journal* ou « Journal ».

UN LIVRE OFFICIEL: LE LIVRE-JOURNAL

Avant la promulgation du Plan comptable général en 1947, le Livre-Journal devait être obligatoirement un registre relié dont les folios étaient côtés et paraphés par un magistrat du tribunal de commerce ou, à défaut, par le maire de la commune et, ensuite, inscrit par un greffier dans le registre « prescrit par l'ordonnance de 1673, titre II, article 4° »! On voulait ainsi éviter la falsification des écritures.
C'était sur ce livre qu'on inscrivait, au jour le jour, les opérations de l'entreprise. Les écritures se passaient, soit directement, soit en recopiant des *brouillards*. Cette façon de procéder exigeait beaucoup de temps. Actuellement, un

journal obtenu par décalque, sur machine comptable, ou imprimante d'ordinateur, constitue la pièce légale qui authentifie la comptabilité aux yeux de la loi sous condition qu'on puisse facilement produire les pièces justificatives. Subsiste l'obligation légale de résumer les écritures dans un registre « Journal » en utilisant les mêmes formules consacrées par le temps.
Le Conseil national de la comptabilité a défini des règles pour la tenue des comptabilités sur ordinateurs (Recommandation n° 3 d'avril 1976. Voir la *Revue fiduciaire comptable* de novembre 1982, n° 70).

Le libellé des formules

Le registre de journal, qu'on peut facilement se procurer en papeterie, comporte un tracé assez simple: de gauche à droite, deux petites colonnes destinées à recevoir les numéros des comptes à débiter et à créditer, une colonne pour les libellés et les dates, les indications des comptes de débits et de crédits et, enfin, deux colonnes pour les sommes.
Chaque opération donne lieu à une formule appelée *article de journal* qui énonce d'abord le compte à débiter puis, séparé par la préposition *à*, le compte à créditer. Pour comprendre, prenons un exemple.
Le 1er octobre, on achète comptant des marchandises pour la somme de 3 400 francs. Le compte à débiter est « Achats de marchandises » puisque c'est ce compte qui reçoit la valeur de la marchandise; le compte à créditer étant la caisse puisque c'est elle qui fournit les espèces dans le cas de règlement par caisse. La formule du libellé sera donc: « Achat de marchandises à caisse » que l'on complètera par la date, les sommes et les numéros du plan

comptable. En général, l'écriture est suivie d'un libellé explicatif avec référence aux pièces comptables.
En pratique, le journal se présentera ainsi:

	———— 1er octobre ————		
600	Achat marchandises à	3400	
53	Caisse		3400
	réglé comptant facture Z n°...		
	———— *2 octobre* ————		
	.... *à*		
	....		

N.B. Nous remarquerons que la date est portée au-dessus de la formule et qu'un trait sépare les écritures. La préposition *à* est souvent omise.

UN EXEMPLE D'ÉCRITURE AU JOURNAL

Prenons un exemple plus complexe.
Le 6 octobre nous avons effectué les opérations suivantes, toutes par caisse:

- Ventes: marchandise A 2 500, marchandise B 1 200, marchandise C 300;
- Réglé: prime d'assurance 483, fournitures de bureau 600, fournisseurs 1 107.

	——— 6 octobre ———		
53	Caisse à	4000	
7011	Marchandise A		2500
7012	Marchandise B		1200
7013	Marchandise C		300
616	Assurance	483	
623	Fournitures de bureau	600	
400	Fournisseurs à	1107	
	Caisse		2190
	Ventes et règlements de la journée		
	——— 7 octobre ———		

Si nous additionnons les deux colonnes de notre journal, nous trouvons 6 190 en débit et autant en crédit. Il doit toujours en être ainsi car, dans chaque article, il est impératif de respecter l'égalité des débits et des crédits.

Une règle pratique

On hésite parfois avant de rédiger un article sur les comptes à débiter et à créditer. Il faut alors tracer au brouillon les comptes qui, logiquement, doivent jouer. On porte à gauche les comptes à débiter et, à droite, les comptes à créditer et, l'on inscrit les sommes correspondantes. On vérifiera ensuite si le total des débits est bien égal au total des crédits. La rédaction de l'article ne présente alors plus aucune difficulté.

Il faut aussi s'exercer à rédiger des libellés concis mais, complets et clairs.

Exemple d'inscription: la T.V.A.

A titre d'illustration, nous allons donner l'exemple de la comptabilisation de la T.V.A., mais rappelons d'abord le principe de cette taxe perçue par l'entreprise pour le compte de l'Etat.
Soit une marchandise achetée 120 F hors taxe et revendue 180, toujours hors taxe. Si le taux de la T.V.A. est de 18,6%, cette marchandise sera facturée toutes taxes comprises par le fournisseur et le revendeur:

Achat	120,00	Vente	180,00
T.V.A.	22,32	T.V.A.	33,48
	142,32		213,48

La T.V.A. étant une taxe sur « la valeur ajoutée », elle ne frappe que cette valeur ajoutée (dans notre exemple, la différence entre le prix de vente et le prix d'achat H.T. soit 60 F). Le montant du taux de 18,6% appliqué sur 60 F donne 11,16 F.

L'entreprise récupère la taxe payée à l'achat, soit 22,32 F et règle la taxe sur le prix de vente 33,48 F. En définitive, elle supporte la différence 33,48 – 23,32 = 11,16 F.
Selon le plan comptable, la taxe collectée (33,48 F dans notre exemple) et la taxe déductible (22,32 F) ne doivent pas figurer dans les produits et les charges d'exploitation. Ces opérations de collecte effectuées pour le compte du Trésor doivent être enregistrées dans la classe 4, au compte 445 Etat. On aura les écritures suivantes au Journal:

	——— ———		
60	Achat marchandise	120,00	
445	Etat	22,32	
512	Banque		142,32
	(achat n° ZW.564)		
	——— ———		
512	Banque	213,48	
70	Vente		180,00
445	Etat		33,48
	(vente n° 213 Z)		
	——— ———		
		355,80	355,80

Rectification d'erreurs

Les manuels de comptabilité expliquent les différents procédés de rectification des erreurs, le plus simple consistant à passer un « article rectificatif » au journal pour annuler l'erreur, puis à passer l'écriture correcte.
Supposons que, par inattention, nous ayons inscrit:

	——— 10 novembre ———		
701	Marchandise A	2040	
702	Marchandise B	500	
53	Caisse		2540
	(ventes au comptant)		
	——— ———		

Selon cette écriture, la caisse a fourni 2 540 F aux comptes « ventes marchandises ». Il s'agit bien d'une erreur. Il faut donc passer une écriture qui annule l'erreur, puis l'écriture correcte ainsi:

	——— 12 novembre ———		
53	Caisse	2540	
701	Marchandise A		2040
702	Marchandise B		500
	(annulation erreur du 10.11)		
53	Caisse	2540	
701	Marchandise A		2040
702	Marchandise B		500
	(rectification erreur)		

Cet exemple nous fait comprendre qu'il est parfois plus simple de passer une *écriture unique de rectification* mais, avec des sommes doubles. On aurait donc:

	——— 12 novembre ———		
53	Caisse	5080	
701	Marchandise A		4080
702	Marchandise B		1000
	(rectification erreur du 10.11)		

LE GRAND-LIVRE

L'ensemble des comptes individuels – clients, fournisseurs, tiers – présente un intérêt capital pour la gestion de toute entreprise. Ces comptes sont regroupés dans le *Grand-Livre* qui, traditionnellement, se présentait sous forme d'un imposant registre relié. Depuis la généralisation de la mécanographie et surtout de l'informatique sa présentation matérielle a été adaptée aux nouvelles techniques, mais il reste toujours avec le *Journal* et le *Livre des Inventaires* un livre officiel et obligatoire.

AUTRES LIVRES COMPTABLES

Les comptables utilisent aussi d'autres livres, ou registres, qui sont parfois de simples cahiers ou *brouillards*. On rencontre, par exemple, Les Journaux de Caisse, de Banque, des Chèques Postaux, le Journal des Ventes, le Journal des Achats, le Livre des Clients, le Livre des Fournisseurs, etc... Dans le prochain chapitre, nous reviendrons en détail sur l'articulation de ces livres entre eux.

LES VIREMENTS INTERNES

Lorsqu'une opération donne naissance à une écriture dans deux journaux différents, il y a risque de double emploi. Il en est ainsi, tout particulièrement, lorsqu'on dépose des espèces en banque ou qu'on en retire. Pour pallier cette difficulté, le Plan comptable prévoit un compte 57 *Virements internes*.

Donnons un exemple simple: vous portez 1 000 F en espèces à la banque pour alimenter votre compte courant.

Que se passe-t-il? Dans votre brouillard de caisse vous inscrivez:

- versé à la Banque: 1 000 F, et cette somme sera portée dans la colonne de gauche aux **débits** de la banque;
- quand vous recevrez le bordereau de la banque, vous ne manquerez pas d'inscrire dans la colonne **débits** du brouillard de banque cette même somme de 1 000 F;
- après avoir relevé ces brouillards, vous constaterez que les comptes *caisse* et *banque* se présentent ainsi:

51 Banque

	Débits	*Crédits*
Dépôt espèces	1000	
Relevé caisse	1000	
	2000	

53 Caisse

	Débits	*Crédits*
Versé banque		1000
Relevé banque		1000
		2000

En effet, en relevant le journal de caisse, vous avez porté 1 000 F au crédit du compte caisse et 1 000 F au débit du compte banque; en relevant le journal de banque, ou le bordereau de la banque, vous avez porté à nouveau 1 000 F au crédit de la caisse et 1 000 F au débit de la banque.

Pour éviter ce double emploi, on passe par le compte *Virements internes*. En relevant le journal de caisse, on porte 1 000 F au crédit du compte Caisse et cette même somme au débit du compte Virements internes. En relevant le journal de banque, ou le bordereau de la banque, on porte 1 000 F au débit de la Banque et cette même somme au crédit du compte Virements internes. On constate alors que *le compte Virements internes est balancé et les comptes Caisse et Banque sont justes.*

CAISSE

	Débits	*Crédits*
Dépôt espèces		1000

VIREMENTS INTERNES

	Débits	*Crédits*
Relevé caisse	1000	
Relevé banque		1000

BANQUE

	Débits	*Crédits*
Reçu caisse	1000	

Le compte Virements internes présente aussi un autre avantage, particulièrement apprécié dans les « petites » comptabilités. Si, en fin de mois, vous versez des espèces à la banque ou aux chèques postaux, le relevé de la banque ou le bordereau de la poste ne vous sera sans doute pas parvenu quand vous ferez la comptabilité. Grâce au compte Virements internes, les comptes Caisse, Chèques postaux et Banque seront exacts et le solde débiteur ou créditeur du compte Virements internes va attirer l'attention sur le fait qu'il reste des écritures à passer.
Précisons que ce compte de Virements internes n'est utilisé qu'à l'intérieur d'une même comptabilité lorsqu'on utilise plusieurs brouillards. Mais, il n'a pas de raison d'être lorsqu'il s'agit des comptabilités de deux activités différentes relevant de la même entreprise, par exemple si la comptabilité du bar d'une association est distincte de celle de l'association elle-même.

EXERCICES

Remarque: pour compléter les exercices suivants avec les numéros des comptes à débiter et créditer, référez-vous à la liste de ces comptes au chapitre X Plan comptable général, page 138.

Exercice 30

- **Passez au journal les écritures suivantes:**

Par Caisse:

– Ventes au comptant 6 890;
– Achat marchandises 920;
– Prime d'assurance 1 625;
– Fournitures de bureau 412.

Par Banque:

– Vente 7 145;
– Achat marchandise 2 748;
– Acompte sur salaires 2 500;
– Frais divers gestion 2 500.

Exercice 31

Pour enregistrer un bilan au journal en un seul article, on porte tous les comptes de l'actif en débit et tous les comptes du passif au crédit.

- **Passez au journal le bilan d'Olivier du début du chapitre 2, pages 24 et 25.**

Exercice 32

• **Enregistrez au journal le bilan du groupe de jeunes de l'exercice 11.**

Exercice 33

• **Enregistrez au journal le bilan de la maison « Mimi et Phiphi » de l'exercice 13.**

Exercice 34

• **Enregistrez au journal le bilan de la ferme de Marie-Claire, exercice 12.**

Exercice 35

• **Enregistrez au journal les opérations réalisées par M. Ducoin, épicier, des exercices 18 et 19.**

Exercice 36

• **Enregistrez au journal les opérations réalisées dans l'histoire d'Odile des exercices 22, 23, 24, 25.**

Exercice 37

• **Enregistrez au journal les opérations et les deux bilans de l'exercice 29.**

Chapitre V
SYSTEMES ET METHODES COMPTABLES

Les principes comptables peuvent être appliqués selon des plans différents. On aboutit ainsi à plusieurs « systèmes » qui utilisent des règles propres dans la conduite des opérations. Ces systèmes peuvent être classés en deux grandes catégories:

- le système classique;
- le système centralisateur.

Le « Système américain » connu sous le nom de *Journal Grand-Livre* est, lui, une variante du système classique, sur laquelle il conviendra de dire un mot.
L'utilisation d'un système comptable fait appel à des modalités concrètes d'application: les opérations seront inscrites sur des registres ou des fiches soit à la main directement ou par décalque, soit à l'aide d'un ordinateur. Une comptabilité se tient donc selon certains procédés ou « méthodes ».

LE SYSTEME CLASSIQUE

Le système classique correspond si bien à l'esprit de la comptabilité à partie double que, pendant longtemps, il a servi de base à toutes les organisations comptables et ses principes se retrouvent dans tous les autres systèmes.

Les éléments de base comprennent: le journal, le Grand-Livre et la balance, le brouillard et le chiffrier-balance ne constituant que des éléments auxiliaires. Les uns et les autres ont pour but d'arriver à établir le bilan et le compte de résultat.

Le brouillard

Le brouillard, ou main-courante, n'est pas un livre indispensable au système classique de comptabilité. Il est cependant souvent utilisé car il est pratique de noter d'abord les opérations sur un cahier, sous forme de brouillon, avant de les enregistrer au journal.
Ce brouillard peut être un simple cahier comportant des colonnes pour inscrire les sommes: une pour les entrées, une autre pour les sorties. Parfois, on préfère le registre à quatre colonnes dont deux servent à inscrire les sommes partielles.
On dispose habituellement de plusieurs brouillards: brouillard de caisse, de banque, de chèques postaux, des opérations diverses, etc... selon les besoins de l'entreprise.
La tenue d'un brouillard ne présente aucun problème particulier et il peut être confié à une personne n'ayant pas de formation comptable: il lui suffit d'inscrire les opérations au fur et à mesure et de totaliser les colonnes en fin de page pour effectuer un contrôle élémentaire.
Cependant, il s'avère souvent pratique d'ajouter une colonne supplémentaire pour les *imputations*, c'est-à-dire pour indiquer les numéros des comptes. Dans ce cas, l'affectation d'un numéro correct pose parfois des problèmes aux non-initiés, mais ce travail peut être effectué ultérieurement par le comptable.

On utilise parfois un carbone pour établir un double de chaque page du brouillard. C'est ce double qui sera remis au comptable et le cahier, ou registre, peut ainsi rester en permanence à la disposition du responsable.

Le journal et le Grand-Livre

Nous en avons déjà parlé au précédent chapitre. Le journal est le premier livre constituant la base du système classique. Il est destiné à enregistrer dans l'ordre chronologique, et en principe au jour le jour, toutes les opérations comptables, que celles-ci soient effectuées par caisse, banque, chèques postaux ou opérations diverses.
Le Grand-Livre, comme nous le savons déjà, est constitué par l'ensemble de tous les comptes de l'entreprise. La présentation traditionnelle était celle d'un registre à feuilles cousues. Chaque page recevait un ou plusieurs comptes et le classement était alphabétique. Un répertoire servait aux recherches. Le système était peu pratique car on ne pouvait intercaler de nouveaux comptes et on était obligé de laisser de nombreuses pages blanches. Le registre était encombrant et méritait son nom de *Grand-Livre*.
Un premier perfectionnement fut l'introduction de registres à feuillets mobiles. Les feuillets périmés pouvaient être enlevés et archivés. Certaines reliures comportaient une disposition étagée permettant un repérage rapide des comptes. Les fiches ne tardèrent pas à remplacer le registre car elles permettaient une recherche rapide des comptes et étaient d'un usage plus souple.
L'ordinateur apporte aujourd'hui une solution inédite. Il n'en reste pas moins que fiches et fichiers sont toujours en usage et il est vraisemblable qu'ils rendront encore longtemps service, surtout dans les petites sociétés.

Report du journal au Grand-Livre

Selon le système classique, les écritures du journal doivent être reportées au Grand-Livre. Pour cela, on relève successivement les articles du journal qu'on reporte sur les fiches correspondantes du Grand-Livre avec dates, références et libellés.
Il est d'ailleurs indispensable de « pointer » le journal afin d'éviter des omissions ou répétitions. Ce pointage consiste à mettre un *point* en face de chaque somme du journal dès qu'elle a été reportée au Grand-Livre.
Il est facile de retrouver une écriture du journal dans le Grand-Livre puisque les articles donnent les références nécessaires. L'opération inverse n'est pas toujours aisée. Pour la faciliter, on a l'habitude d'inscrire dans le Grand-Livre, en plus du libellé et de la date, le numéro du folio du journal.

Le chiffrier-balance

Le report du journal au Grand-Livre doit être effectué avec un soin extrême car il est la source des principales erreurs qui s'introduisent dans ce système de comptabilité. Un moyen de les éliminer presque complètement consiste à utiliser un chiffrier-balance.
Il s'agit d'un simple cahier sur deux colonnes **Doit** et **Avoir**. (On pourrait aussi utiliser de simples feuilles de balance). Chaque somme reportée au Grand-Livre est inscrite dans une des colonnes Doit ou Avoir du chiffrier et on *pointe* pour éviter les omissions ou répétitions. En additionnant à part ces colonnes de Doit et Avoir, on obtient l'égalité des totaux, du moins si aucune erreur n'a été commise.

L'emploi des moyens mécanographiques, et surtout de l'informatique, supprime ce chiffrier et simplifie les opérations. Mais, l'usage du journal et du Grand-Livre n'est pas encore périmé.

La balance

La balance est un tableau récapitulatif qui a pour but de vérifier l'exactitude des reports du journal au Grand-Livre et que l'on établit chaque mois. La balance sert ensuite à présenter la situation de chacun des comptes et elle permet d'établir rapidement le bilan et les comptes de résultat. Il est conseillé d'utiliser un registre et non des feuilles séparées. La balance à six colonnes permet de faire ressortir les mouvements du mois.
Pour établir la balance, il faut au préalable additionner les colonnes Doit et Avoir de chaque compte. Ce sont ces totaux que l'on reporte dans les colonnes correspondantes de la balance.

Le bilan et le compte de résultat

On utilisera pour ceux-ci soit un registre, soit une feuille volante comportant des colonnes pour les comptes débiteurs (actif) et les comptes créditeurs (passif).
On relève dans la balance les soldes des comptes de bilan que l'on inscrit dans les colonnes correspondantes; on additionne ensuite à part les colonnes de l'actif et du passif, et la différence donne le résultat de la période considérée.
Pour le compte de résultat, on opère de même pour les comptes qui, ne faisant pas partie du bilan, n'ont pas encore été relevés. On obtient ainsi une colonne de comptes

débiteurs, et une colonne de comptes créditeurs. Ces colonnes sont ensuite additionnées séparément et la différence doit donner la même somme que celle déjà obtenue au bilan entre actif et passif. Si l'on constatait une différence, alors que la balance est juste, il s'agirait d'une erreur de report ou d'addition.

Diagramme du système comptable classique

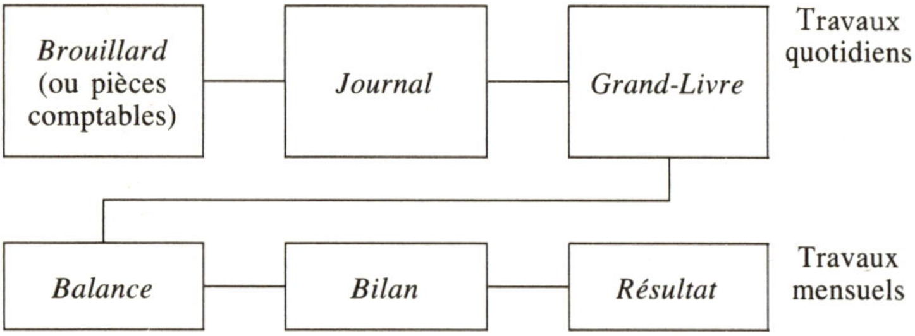

Les journaux auxiliaires

Le remplacement du brouillard – dont l'usage est d'ailleurs facultatif – par des journaux auxiliaires donne naissance à une variante du système classique que l'on appelle parfois Système des journaux auxiliaires.
Il est à peine exagéré de dire qu'un journal auxiliaire n'est qu'un brouillard bien tenu qui permet d'obtenir des renseignements sur les opérations qu'il enregistre: situation de caisse, de banque, chiffre d'affaires, montant des ventes et des achats...
Le tracé de ces livres varie d'une entreprise à l'autre mais, dans l'ensemble, ils comportent tous les colonnes néces-

saires à l'enregistrement des opérations: dates, libellés, numéro des pièces, références, sommes partielles et sommes totales.
Les opérations s'enregistrent sur chaque livre correspondant au fur et à mesure de leurs réalisations. En fin de journée, ou de période, les écritures de ces livres auxiliaires sont regroupées à l'aide d'articles récapitulatifs dans le journal proprement dit.
Les opérations ayant été classées dans les livres auxiliaires, le travail d'enregistrement au journal et au Grand-Livre principal s'en trouve simplifié et abrégé.
Des balances, établies comme il a déjà été indiqué, permettent de déceler les erreurs éventuelles qui auraient pu s'introduire.

Le Journal américain

Le système classique est trop compliqué pour les petites entreprises, aussi a-t-il été simplifié par une formule qui a rencontré un énorme succès et reste même encore valable à l'heure de l'ordinateur. Ce système est connu sous le nom de *Journal Grand-Livre* ou *Journal américain.*
Vers la fin du dix-huitième siècle, un certain Edmond Lagrange imagina de réunir le journal et le Grand-Livre en un seul registre et exposa son idée dans *La tenue des livres rendue facile* paru en 1795. L'ouvrage remporta un vif succès et fut réédité quatre fois, la dernière édition datant de 1855.

Principe du système

Un seul registre suffit à l'application intégrale du système.
Une page du Journal Grand-Livre comporte:

- *la partie Journal* où l'on inscrit les libellés – sans toutefois utiliser la formule traditionnelle des articles. Elle se trouve habituellement à gauche; parfois, cependant, elle est placée entre les colonnes de trésorerie et celles des recettes et dépenses;
- *la partie Grand-Livre* comporte des colonnes de ventilation correspondant aux principaux comptes. Une colonne « Divers » est prévue pour les comptes qu'il n'a pas été possible de classer ailleurs.

Le tracé varie selon les entreprises et les usagers mais l'essentiel reste le même, la page de gauche étant réservée aux débits et celle de droite aux crédits.
Pour aussi simplifié que soit le système, il est cependant rigoureux et permet des contrôles efficaces.

Etat récapitulatif

Le Journal Grand-Livre donne la ventilation des recettes et des dépenses pour chaque mois. Les chiffres obtenus sont récapitulés dans un registre prévu à cet effet: on obtient ainsi le cumul des recettes et des dépenses depuis le début de l'année ou de l'exercice.
Pour réaliser concrètement cet état récapitulatif, on peut fort bien se servir des feuilles du Journal Grand-Livre où les inscriptions quotidiennes seront remplacées par le résumé mensuel des opérations.
Les comptes de trésorerie figurent uniquement par leurs soldes et non par leurs mouvements. Les vérifications ne posent pas de problèmes particuliers.
Cet état récapitulatif permet d'établir facilement le bilan et les comptes de résultats. Certains comptes « Divers à ventiler » peuvent faire partie du bilan – il en est ainsi des comptes de tiers – ou des comptes de résultats.

Valeur du système américain

Le système est simple: point besoin d'une formation technique poussée pour être à même de tenir un Journal Grand-Livre. Ensuite, il est clair: tous les comptes peuvent s'embrasser d'un seul coup d'œil, les contrôles sont immédiats, la recherche des erreurs facile. Enfin, le matériel est bon marché.
Cependant, certaines critiques peuvent être émises et les plus sérieuses proviennent du nombre limité des colonnes. La colonne « Divers à ventiler » ne peut utilement servir que si ces comptes ne sont pas trop nombreux et ne font pas l'objet de fréquentes inscriptions.
D'autre part, les comptes étant à simple entrée, il est difficile d'inscrire un débit dans un compte de recettes et, réciproquement, un crédit dans un compte de dépenses. Pourtant, de telles opérations doivent parfois être pratiquées, en particulier pour la tenue des comptes de tiers.

Utilisation du système américain

Cette variante du système classique, propagée en Angleterre par un certain John de Bristol sous le nom de Journal américain, peut servir utilement de comptabilité auxiliaire, par exemple pour une activité annexe, et de comptabilité principale quand il y a un nombre réduit d'écritures.

LE SYSTEME CENTRALISATEUR

SON FONCTIONNEMENT

Le système classique a été perfectionné par l'introduction de journaux auxiliaires; le système centralisateur utilise,

lui aussi, des journaux auxiliaires dénommés, **Journaux divisionnaires** ou **Journaux originaires**.
Ces « Journaux divisionnaires » sont synthétisés mensuellement dans le journal général et servent à la mise à jour des **Grands-Livres originaires**. Ces derniers, à leur tour, sont résumés dans le Grand-Livre qui permet d'établir une balance de contrôle, puis le bilan et les comptes de résultats.

Le schéma ci-dessous nous montre le fonctionnement du système centralisateur:

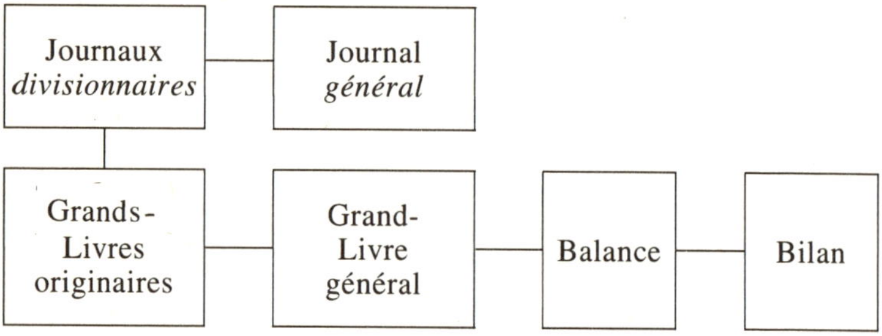

Il comporte donc:
- un certain nombre de Journaux divisionnaires;
- des Grands-Livres originaires correspondant aux Journaux divisionnaires et qui sont de véritables Grands-Livres;
- un Journal général synthétisant les Journaux divisionnaires.

Les Journaux divisionnaires

Leur nombre dépend de la structure de l'entreprise. On peut cependant rencontrer les Journaux divisionnaires suivants: Journal divisionnaire des ventes, des achats, de

caisse, des recettes de caisse, des dépenses de caisse, des débits de banque, des crédits de banque; Journal divisionnaire des effets à recevoir et des effets à payer, des chèques à encaisser, des opérations diverses...
Le tracé de ces journaux auxiliaires peut être le même que celui des journaux auxiliaires du système classique et les écritures y sont portées de la même façon.
Alors que les journaux auxiliaires du système classique servent quotidiennement à établir le journal, les Journaux divisionnaires sont résumés, en fin de mois, dans le Journal général. Ils doivent cependant être dépouillés, chaque jour, pour la tenue des Grands-Livres originaires.

Les Grands-Livres originaires

Il y a autant de Grands-Livres originaires que de Journaux divisionnaires (achats, ventes...). Le report d'un journal divisionnaire au Grand-Livre correspondant s'effectue, en principe, tous les jours. Alors que dans le Journal général les opérations s'y trouvent résumées, il y a lieu cette fois d'inscrire dans le détail, pour chaque compte, tous les renseignements dont on peut avoir besoin, spécialement en ce qui concerne les tiers et les clients (numéro des factures, date des règlements, mode de règlement, escomptes accordés, folios du Journal...).

Le Grand-Livre général

Le Grand-Livre général a pour rôle de résumer les Grands-Livres originaires. Il peut être établi à partir du Journal général mais, en pratique, on préfère utiliser les Grands-Livres originaires dont le classement rationnel des écritures permet un report plus facile. Les chiffriers-balances quotidiens et une feuille de dépouillement simplifient le travail. La vérification des écritures de report s'effectue grâce à une **Balance carrée**. Il s'agit d'un tableau à double entrée ou, plus exactement, à entrées doubles, groupant la centralisation des Journaux divisionnaires et des comptes du Grand-Livre général.

AVANTAGES DU SYSTÈME CENTRALISATEUR

Parmi les nombreux avantages du système centralisateur, nous pouvons faire ressortir les points suivants:

• *Les Journaux divisionnaires* peuvent être tenus par des services différents et fournissent par eux-mêmes des renseignements importants:
- enregistrement chronologique et analytique de toutes les opérations;
- montant périodique des achats, des ventes, des mouvements de trésorerie;
- référence immédiate aux pièces comptables.

• *Les Grands-Livres originaires* permettent de connaître les mouvements périodiques des comptes individuels et leur position. Ceci est particulièrement important pour les comptes devant être constamment à jour tels les comptes clients et fournisseurs.

• *La balance générale* est établie facilement et rapidement: le contrôle des écritures et la recherche des erreurs éventuelles sont largement simplifiés.

• *Le Journal général* et le *Grand-Livre général* centralisent toutes les opérations et facilitent ainsi une synthèse et une vue d'ensemble de la situation de l'entreprise.

A eux seuls, tous ces documents peuvent donner une situation complète de l'entreprise. Il est donc possible, s'ils présentent un caractère confidentiel, de les confier à un nombre restreint de responsables.
Ajoutons enfin que le système centralisateur est simple, souple et s'adapte facilement à tous les cas.

LA COMPTABILITE PAR DECALQUE

A l'origine, le décalque était un procédé ou une méthode qui permettait de supprimer les reports des journaux aux Grands-Livres en se bornant seulement à transposer fidèlement le système centralisateur. Par la suite, l'expérience a permis de perfectionner la comptabilité par décalque et a ainsi inventé une technique propre et originale l'écartant sensiblement des voies traditionnelles.
La frontière entre méthode et système étant assez vague, on peut dire que la comptabilité par décalque est à la fois une méthode et un système. A l'intérieur même du procédé, on peut aussi faire appel à des méthodes différentes. Par exemple, le décalque peut être manuel ou sur machine, utiliser des variantes ou divers perfectionnements. Notons cependant que l'usage des machines mécanographiques comptables est en train de disparaître depuis l'avènement de l'ordinateur.

PRINCIPE DU DÉCALQUE

Le procédé, imaginé au début du siècle, avait alors pour but de supprimer les reports du Journal au Grand-Livre par insertion, au fur et à mesure, des feuilles de comptes sous les pages du Journal après avoir intercalé un carbone.

L'expérience révéla qu'il était difficile de repérer les lignes d'écriture avec précision: un Suisse, du nom de Ruf, eut donc l'idée de passer les écritures directement sur les fiches des comptes du Grand-Livre, le Journal se trouvant alors établi par duplication. Le problème de repérage des lignes d'écriture était ainsi facilement résolu; il est plus simple, en effet, d'introduire un document mobile sur un document fixe que l'inverse. L'invention était géniale et révolutionnaire à une époque où le Journal était un document sacro-saint devant être établi en original.

Le matériel utilisé

Le matériel utilisé pour le décalque manuscrit comporte une plaque spéciale, des fiches de comptes, des feuilles de journal et un système de fichiers, bacs et reliures. L'idée originale est donc d'utiliser une feuille de papier carbone pour éliminer les rapports au Grand-Livre. Pour assurer le repérage précis des écritures, il existe un dispositif appelé « plaque » ou « appareil » qui sert de support au Journal et sur lequel on dispose le carbone.
Les comptes du Grand-Livre sont alors insérés dans l'appareil et y sont maintenus par une pince ou des ergots. Le comptable écrit directement sur les fichiers et le Journal est automatiquement établi par duplication.

Amélioration du procédé

Alors que le système centralisateur dispose de plusieurs Journaux divisionnaires, la comptabilité par décalque ne permet que l'usage d'un seul Journal. Il en résulte les inconvénients suivants:
- il n'est pas possible de répartir le travail entre plusieurs services;

- il n'est pas possible d'obtenir la situation par groupes de comptes (clients, fournisseurs, etc.), sans être obligé de procéder à un regroupement extra-comptable;
- le Journal unique, excellent en tant qu'instrument de contrôle, ne présente plus aucun intérêt en tant que journal: c'est un simple *chiffrier* où il est malaisé de puiser des renseignements;
- enfin, la comptabilité par décalque oblige à un fastidieux travail de « compte à compte ».

Pour simplifier le travail de « compte à compte », on utilise un journal à colonnes de dépouillement. Par exemple, on portera une seule écriture sur la fiche du compte caisse et le détail sur les fiches de contreparties. Le journal à colonnes de dépouillement comporte un certain nombre de colonnes « extra-comptables » pour inscrire, hors décalque, les sommes regroupées en fin de page. Les fiches des comptes peuvent être à quatre colonnes, mais aussi à six ou huit pour permettre une sélection par groupes de comptes sans être obligé d'additionner séparément toutes les fiches.
On a aussi introduit des Journaux divisionnaires, qui sont de véritables journaux comptables, établis sur la plaque à décalque à partir des pièces comptables auxiliaires.

Comptabilité auxiliaire par décalque

Le décalque peut être utilisé comme comptabilité auxiliaire, en liaison avec la comptabilité générale qui peut être tenue selon une technique différente ou avec un ordinateur.
Le problème de liaison entre les deux comptabilités ne présente guère de difficultés pratiques. Le journal de

fonds, obtenu par duplication, doit comporter des colonnes hors décalque, réservées aux sommes devant figurer dans les deux comptabilités. Le système par décalque donnera le détail et fera ressortir sommairement ce qui ne concerne que la comptabilité générale.
Une comptabilité auxiliaire permet de confier à un service spécialisé, indépendant de la comptabilité générale, la gestion et le contrôle d'un secteur particulier d'une entreprise ou d'une maison.

Intérêt du décalque

Le système centralisateur exige les trois reports suivants:

1 – Report des Journaux divisionnaires aux Grands-Livres originaires;
2 – Report des Journaux divisionnaires au Journal général.
3 – Report des Grands-Livres originaires au Grand-Livre général.

La comptabilité par décalque supprime donc ces trois sortes de reports et on peut faire ressortir les points suivants:
- la suppression des reports évite les erreurs les plus courantes. Seules peuvent subsister les erreurs d'addition et, le cas est rare, la perte d'une fiche de comptes;
- contrôle permanent grâce à l'addition des colonnes du journal;
- tenue permanente des comptes permettant le calcul immédiat des soldes;
- situation comptable pouvant être connue rapidement chaque jour grâce à l'enregistrement des écritures au fur et à mesure que les opérations se réalisent;
- travail simplifié du fait d'un journal unique.

Chapitre VI
LES TRAVAUX DE FIN D'EXERCICE

Pour clore la comptabilité en fin d'exercice et déterminer le résultat, il faut confier un certain nombre de travaux à un comptable qualifié, appartenant ou non à l'entreprise. Les écritures comptables sont précédées de l'inventaire, de l'évaluation des stocks, de la détermination des amortissements, celle des provisions et des réserves.

L'INVENTAIRE

L'inventaire matériel constitue un gros travail et son exécution exige souvent plusieurs jours. Il faudra donc le commencer assez tôt afin que les chiffres puissent être fournis en temps voulu au service de la comptabilité, le premier travail consistant à évaluer les stocks. Cet inventaire, d'abord chiffré en quantité, le sera ensuite en valeur.

Les règles du Plan comptable

Le Plan comptable impose de faire, au moins une fois par an, un inventaire des éléments actifs et passifs et d'arrêter les comptes en vue d'établir le bilan et le compte de résultat.

L'évaluation des éléments est faite à la valeur actuelle au moment de l'inventaire. Pour établir cette valeur, l'entreprise utilise les références et les techniques les mieux adaptées à la nature du bien: prix du marché, barèmes, mercuriales, indices spécifiques, ...
L'entreprise est tenue de toujours conserver les mêmes règles d'évaluation d'un inventaire à l'autre.

Révision générale des comptes

Cet inventaire doit se compléter par une révision générale des comptes:
- on contrôlera avec soin les espèces en caisse. Elles doivent correspondre exactement au solde débiteur du compte « caisse ». Si on constate une différence, en plus ou en moins, on porte celle-ci au débit ou au crédit d'un compte de la classe 6 ou de la classe 7 suivant le cas;
- le contrôle des chèques postaux et de la banque s'effectuera au moyen des bordereaux et des relevés envoyés par ces organismes;
- on vérifiera aussi les valeurs mobilières, ou titres de placement;
- on contrôlera si les immobilisations sorties de l'actif, soit par cession soit par disparition, ont bien été retirées des comptes intéressés;
- les comptes de tiers doivent être revus avec soin. On établira un tableau des créances douteuses et des créances irrécouvrables.

L'inventaire est l'occasion de remettre de l'ordre dans les comptes après une année de fonctionnement mais il faudra beaucoup de méthode et de soin pour effectuer ce travail. Cette révision sera confiée si possible à un expert-comptable, éventuellement étranger à l'entreprise.

Une révision interne continue – donc sans rapport avec les travaux de fin d'exercice – est conseillée. Elle est, elle, effectuée par le comptable de la maison.

Les comptes de régularisation

Au cours de cette révision, on constatera que l'on a comptabilisé certaines charges qui ne devront être imputées qu'au prochain exercice, et que l'on a encaissé aussi certains produits par anticipation.
En effet les comptes de la classe 6 enregistrent toutes les charges de l'entreprise *dès qu'elles sont constatées*, qu'elles correspondent aux charges de l'exercice en cours ou aux exercices ultérieurs. De même, les comptes de la classe 7 enregistrent tous les produits qui concernent non seulement l'exercice en cours mais aussi les suivants.
Pour déterminer le résultat de l'exercice, les charges payées d'avance et les produits perçus d'avance sont donc transférés au **compte de régularisation**.

Exemple: le loyer doit être réglé un mois à l'avance. Celui payé en décembre affecte donc le nouvel exercice, on le porte alors *au débit du compte* **486 Charges constatées d'avance**. De même, on portera *au crédit du compte* **487 Produits constatés d'avance** les produits déjà perçus et qui concernent les exercices ultérieurs: exemple les abonnements de presse ou de services.
Ces charges et produits constatés d'avance figurent donc aux comptes de régularisation, c'est-à-dire au bilan, afin de répartir les charges et les produits dans le temps de manière à rattacher à chaque exercice les charges et les produits qui le concernent effectivement, et ceux-là seulement.

Au début du nouvel exercice, ces divers comptes de régularisation seront virés aux comptes correspondants de charges et de produits et, ainsi, disparaîtront du bilan.

LES AMORTISSEMENTS, LES PROVISIONS ET RESERVES

Les *amortissements*, les *provisions* et les *réserves* sont des comptes qui figurent au bilan et qui peuvent être considérés comme des sommes mises de côté pour parer à certaines éventualités. Ces comptes revêtent une grande importance pratique, juridique et fiscale et il convient d'en examiner le fonctionnement. Ils sont soumis à de nombreux textes légaux et le Plan comptable les traite en détail.

Le coût de la dépréciation

Les biens utilisés dans une entreprise peuvent être classés en biens de consommation et en biens d'équipement:

- les premiers – matières premières incorporées dans une fabrication, combustible brûlé dans une chaudière... – ne servent qu'une seule fois. On les considère comme une charge de l'exercice et on les porte dans un compte de frais;
- une construction, une voiture automobile servent plusieurs années. On les considère alors comme des immobilisations et on les porte dans un compte de bilan.

Si ces derniers biens sont destinés à durer plusieurs années, ils ne s'en déprécient pas moins du fait de l'usage et du temps ou peuvent, encore, se « démoder », devenir technologiquement déclassés et être frappés d'obsoles-

cence. Il faudra donc tenir compte de cette dépréciation et, pour cela, on va pratiquer **l'amortissement**, c'est-à-dire répartir la charge initiale sur plusieurs exercices afin de reconstituer le capital initial.
On peut donner des amortissements la définition suivante: *Constatation comptable d'une dépréciation réelle d'un capital immobilisé dans le but de remédier à cette dépréciation en rétablissant l'intégralité du capital.* (Plan comptable).
Les amortissements revêtent une telle importance du point de vue économique que le Plan comptable oblige à les pratiquer chaque année *même en l'absence de bénéfices*.
Le Plan comptable révisé précise que l'amortissement est une « réduction jugée irréversible, répartie sur une période déterminée, du montant porté à certains postes du bilan ».
A signaler que le mot « amortissement » se traduit en anglais par « depreciation cost » (coût de la dépréciation), c'est significatif.

Le taux d'amortissement

Le Plan comptable ne fixe pas les taux d'amortissement mais donne seulement des directives. Le taux peut être fixe ou variable.

Amortissement constant ou linéaire

Supposons une voiture achetée 100 000 F. Si on se base sur un amortissement annuel de 20 000 F, en cinq ans l'amortissement sera alors égal à la valeur d'acquisition ($20\,000 \times 5 = 100\,000$). On a donc pratiqué un amortissement constant de 20%.
Cet amortissement ne correspond pas toujours à la réalité avec fidélité. En effet, la valeur comptable de la voiture

en fin de première année, 80 000 F (100 000 − 20 000) est très élevée par rapport à l'argus. Par contre, en fin de cinquième année, la valeur résiduelle est nulle alors qu'il serait sans doute possible de revendre le véhicule à un prix non négligeable.

Amortissement variable

Pour pratiquer un amortissement serrant le réel de plus près, on a imaginé divers types d'amortissements à taux variable: amortissement dégressif, amortissement progressif, amortissement *soft*, amortissement réel, etc.
Le plus utilisé pour les biens susceptibles de conserver une valeur de revente après usage normal – tel le cas de la voiture de notre exemple – est l'amortissement dégressif.

L'amortissement dégressif: le montant annuel n'est plus calculé sur le prix d'acquisition, mais sur la valeur comptable résiduelle. On doit alors prévoir un taux plus élevé que celui de l'amortissement constant. Le Plan comptable et d'autres textes légaux fixent les conditions d'utilisation de l'amortissement dégressif. Ainsi, il n'est pas autorisé pour certains matériels de bureau.
En reprenant notre exemple de la voiture, on peut se baser sur un taux de 33 1/3. L'amortissement pratiqué en première année est environ cinq fois plus élevé qu'en cinquième année et cela correspond mieux à la réalité, le véhicule gardant une valeur comptable résiduelle proche de sa valeur de revente. Un tel amortissement peut se pratiquer de nombreuses années sans aboutir à une valeur résiduelle quasi nulle. Un décret de 1960 autorise les entreprises à abandonner l'amortissement dégressif dès lors que les annuités tombent en dessous d'une limite calculée en divisant la valeur résiduelle de l'immobilisation par le nombre d'années d'utilisation probable restant à courir.

L'amortissement progressif: on l'utilise lorsqu'on veut soulager les premières années d'exploitation d'un matériel lent à amortir qui représente un investissement important et dont la rentabilité augmente avec les années d'exploitation.

Dans ce cas le taux, calculé sur la valeur initiale – et non sur la valeur résiduelle – augmente selon une règle déterminée. Par exemple, si l'on veut amortir une immobilisation sur dix ans, on peut appliquer les taux suivants:

fin 1re année	1%
fin 2e année	2%
fin 3e année	3%
fin 4e année	4%
fin 5e année	5%
fin 6e année	10%
fin 7e année	15%
fin 8e année	20%
fin 9e année	20%
fin 10e année	20%
total	100%

L'amortissement « soft » est une progression obtenue à partir d'une formule tenant compte de la durée probable de vie des immobilisations à amortir.

Par exemple, pour un amortissement en six ans, le *dénominateur du taux* est égal à la somme:

$6 + 5 + 4 + 3 + 2 + 1 = 21$ et *les numérateurs successifs* à 6, 5, 4..., ce qui donne un taux annuel de:

6/21 = 0,29, 5/21 = 0,24, 4/21 = 0,19, 3/21 = 0,10, 2/21 = 0,10, 1/21 = 0,05. Le taux applicable au capital à amortir sera donc la première année de 29% et seulement de 5% la sixième année.

TABLEAU D'AMORTISSEMENT

Les amortissements successifs peuvent être présentés en un tableau qui fait ressortir, année après année, le montant total des amortissements pratiqués et la valeur comptable résiduelle.

Amortissement constant: on veut amortir un capital de 675 178 F en 11 ans à partir de 1990. L'amortissement annuel sera de 61 379 F en négligeant les décimales.

Année	*Total amorti*	*Valeur résiduelle*
1990	61 379	613 799
1991	122 758	552 420
1992	184 137	491 041
1993	245 516	429 662
1994	306 895	368 283
1995	368 274	306 904
1996	429 653	245 525
1997	491 032	184 146
1998	552 411	122 767
1999	613 790	61 388
2000	675 169	9

Amortissement dégressif: au taux de 29,09% (coefficient = 3,2) par exemple, nous aurons le tableau suivant:

Année	*Amortissement annuel*	*Total amorti*	*Valeur résiduelle*
1990	196 567	196 567	478 611
1991	139 276	335 691	339 487
1992	98 759	434 450	240 728
1993	70 029	504 479	170 699
1994	49 657	554 136	121 042
1995	35 210	589 348	85 830
1996	24 968	614 316	60 862
1997	17 705	632 021	43 157
1998	12 554	644 575	30 603
1999	8 902	653 477	21 701
2000	6 313	659 790	15 388

L'amortissement annuel se calcule ici en appliquant à la valeur résiduelle de chaque année, le taux de 20,09%

Comptabilisation des amortissements

Le Plan comptable fixe les conditions d'application des taux. Considérés comme charges de l'exercice, les amortissements se portent:

- **au débit du compte 68 Dotation aux amortissements et aux provisions;**
- **au crédit des comptes d'amortissements.**

Ces derniers comptes, bien que créditeurs, ne figurent pas au passif du bilan, mais à l'actif en diminution des valeurs immobilisées.
Reprenons l'exemple de la voiture. Supposons qu'à la fin de la troisième année le montant total de l'amortissement

pratiqué soit de 55 000 F, la valeur comptable résiduelle est donc de 45 000 F. On aura donc à l'actif du bilan:

Voiture	
Valeur d'acquisition	100 000
Amortissement	55 000
Valeur comptable	45 000

C'est bien la valeur résiduelle de 45 000 F que l'on retrouve au bilan.

A chaque immobilisation correspondent donc deux comptes:

- l'un destiné à recevoir la valeur d'acquisition;
- l'autre à recevoir le montant des amortissements par débit de « Dotation aux amortissements ».

Nous avons donc:

218 Voiture automobile

	Débits	*Crédits*
Valeur d'acquisition	100000	

281 Amortissement voiture

	Débits	*Crédits*
Fin 1re année		33000
Fin 2e année		22000

681 Dotation aux amortissements

	Débits	*Crédits*
Exercice 1	33000	
Exercice 2	22000	

LES PROVISIONS

Les amortissements sont la constatation comptable de la dépréciation effective d'une immobilisation. Les provisions, elles, ont pour but de couvrir une perte ou un risque probable dont le montant ne peut être exactement évalué au moment de leur constitution.
On distingue les provisions pour « Pertes et charges » et les provisions pour « dépréciation ».

Les provisions pour pertes et charges sont des comptes du passif qui correspondent à des pertes ou à des **charges prévisibles** à la clôture de l'exercice. Par exemple, on va constituer des provisions pour se couvrir de la perte éventuelle d'un procès, contre des amendes fiscales, pour des charges à répartir sur plusieurs exercices concernant de grosses réparations.

Les provisions pour dépréciations sont prévues pour couvrir la dépréciation des stocks, des comptes financiers – valeurs immobilières ou variations des taux de change – ou encore l'insolvabilité probable d'un client. Ces provisions peuvent aussi concerner les immobilisations amortissables dans les cas non couverts par l'amortissement.

FONCTIONNEMENT DU COMPTE PROVISIONS

Les règles de comptabilisation du Plan comptable nous permettent de distinguer trois groupes d'opérations:

1 – *Création de la provision.* On porte au crédit du compte Provisions le montant prévu par débit du compte 68 Dotation de l'exercice, ou une de ses subdivisions 681, 686, 687.

2 – *Rajustement du compte provisions* en fin d'exercice. A la fin de chaque exercice, le compte provisions doit être rajusté, c'est-à-dire:
– si la provision est insuffisante, on la crédite de la somme nécessaire par débit du compte 68;
– si la provision est trop importante, on la diminue en portant à son débit la somme nécessaire par crédit du compte 78 « Reprises sur amortissements et provisions »;
– si la provision doit être annulée, elle est virée au compte 78.

3 – *Utilisation de la provision.* Le montant de la provision est viré au crédit du compte d'actif pour laquelle elle a été prévue et elle disparaît ainsi du bilan.

Exemples

Début janvier vous décidez de créer une provision de 25 000 F pour vous couvrir de la dépréciation probable d'un stock de denrées périssables. En outre, un de vos clients vous doit 18 000 F et vous avez de bonnes raisons de croire que vous ne serez jamais payé.
Vous portez donc 25 000 F au débit du compte 68 « Dotation de l'exercice » et cette même somme au crédit du compte 39 « Provisions pour dépréciation des stocks ». Vous portez ensuite 18 000 F au débit du compte 68, comme ci-dessus, et cette même somme au crédit du compte 49 « Provisions pour dépréciation des comptes de tiers ». Au cours de l'exercice, les denrées périssables ont pu être utilisées avant leur dépréciation et votre client douteux, à la suite d'un accord, vous a réglé la moitié de sa créance. Vous portez donc 25 000 F au débit du compte 39, qui sort alors du bilan; 9 000 F au crédit du compte 49 et 34 000 (25 000 + 9 000) au crédit du compte 78 « Reprises sur

provisions ». Le compte 49 sera alors soldé en le virant au crédit de votre client douteux.
Sur le Journal on aura porté les écritures suivantes:

	——— 1er janvier ———		
68	Dotation aux provisions	43000	
39	Provisions pour dépréciation stocks		25000
49	Provisions pour dépréciation compte de tiers		18000
	(constitution provisions)		
	——— 31 janvier ———		
49	Provisions pour dépréciation compte de tiers		9000
41	Client X	9000	
	(perte couverte moitié par provision)		
	——— 31 janvier ———		
39	Provisions pour dépréciation stocks	25000	
49	Provisions pour dépréciation compte de tiers	9000	
	Reprises s/provisions		34000
	(régularisation comptes provisions en fin d'exercice)		

LES RESERVES

Les réserves sont des bénéfices non distribués ou non incorporés au capital. On doit donc les considérer comme des dettes dont l'échéance ne sera connue que s'il y a modification des activités de l'entreprise: elles servent de fonds de roulement et facilitent ainsi le fonctionnement financier de l'entreprise en lui procurant de la trésorerie. A la limite, on peut dire que ce sont des emprunts forcés ne produisant pas d'intérêt.

Le Plan comptable distingue des réserves telles que primes d'émission, réserve légale, réserve statutaire, réserves contractuelles, facultatives, de renouvellement des immobilisations, des stocks, réserves spéciales de réévaluation, etc.

En tant que « dettes » de l'entreprise, les réserves sont des comptes créditeurs et figurent au passif du bilan. Lorsqu'on utilise une réserve, le montant prélevé est assimilé à un bénéfice disponible supplémentaire et la comptabilisation se fait par virement à un sous-compte de résultat.

Prenons un exemple, celui de la réserve légale.

La loi fait obligation aux sociétés par actions et aux S.A.R.L. de prélever au moins 1/20e de leur bénéfice pour constituer une réserve légale. En principe, celle-ci est inférieure à 1/10e du capital, mais ce taux peut varier.

Imaginons que la réserve légale de la société « Les Fumistes réunis » se monte à 100 000 F alors que le capital est de 980 000 F. Cette société a donc décidé de prélever 20 000 F sur cette réserve pour l'incorporer au capital. Le comptable passe donc au Journal les écritures suivantes:

	Réserve légale	20000	
	A Capital . . . . *(incorporation réserve légale à capital)*		20000

Le capital est alors passé à 1 000 000 F et la réserve légale n'est plus que de 80 000 F. En fin d'exercice, on prélèvera

5 000 F sur les bénéfices (en supposant qu'ils soient au moins égaux à 20 fois 5 000 F), pour les porter au compte de la réserve. D'où l'écriture suivante:

	Résultat exercice	5000	
	A Réserve légale .... *(Prélèvement bénéfice pour incorporation à réserve légale)*		5000

Il a donc été distribué aux actionnaires 5 000 F de moins mais la réserve est passée à 85 000 F.

AMORTISSEMENTS, PROVISIONS ET RESERVES

Celui qui n'est pas familiarisé avec les méthodes comptables ne saisit pas toujours la différence profonde existant entre amortissements et provisions et risque même de les confondre avec les réserves qui sont, elles, d'une toute autre nature.
Nous allons donc insister sur deux points essentiels: la constitution de ces comptes et leur utilité.

Constitution

Les amortissements et les provisions sont constitués « avant bilan » par débit du compte 68. *Ce sont des charges qui s'ajoutent à d'autres charges.*
Par contre, les réserves sont constituées « après bilan », *c'est une fraction du bénéfice qui a été prélevée et qui ne sera pas distribuée.* Les réserves sont portées au débit du compte résultat.

Amortissements, provisions et réserves sont des comptes créditeurs, mais, seules les réserves figurent au passif du bilan, alors que les amortissements et les provisions viennent à l'actif en diminution des comptes correspondants d'immobilisations, de stocks ou de tiers.

Utilité

Les amortissements étant la constatation comptable d'une perte réelle, ils disparaissent du bilan avec les immobilisations correspondantes.
Ainsi, quand une voiture a été totalement amortie, ou revendue, le compte d'immobilisation de la voiture disparaît du bilan, mais le compte correspondant d'amortissement aussi.
Les provisions étant constituées pour faire face à une perte éventuelle, si la perte se réalise, la provision s'annule avec la perte et sort ainsi du bilan. Si la perte ne se réalise pas, la provision est alors réintégrée dans les profits en passant par le compte 78 « Reprises sur provisions ». Il arrive aussi qu'on préfère transformer une provision non utilisée en réserve.
Les réserves viennent renforcer le capital en augmentant sa puissance et en facilitant la trésorerie.

N.B. Les réserves occultes
Quand la valeur comptable résiduelle d'une immobilisation est inférieure à la valeur réelle, il en résulte une plus-value qui fausse le bilan et qui constitue une « réserve occulte » qui n'apparaît, bien souvent, qu'en cas de liquidation des biens.
Ces réserves occultes peuvent même porter sur des sommes considérables quand il s'agit de constructions ou encore de terrains.

CLOTURE DES COMPTES

Après établissement des comptes de régularisation, d'amortissement et de provisions, l'ensemble des travaux préparatoires est terminé. On passe alors les écritures correspondantes aux comptes intéressés. Ces écritures doivent, chez les commerçants, figurer au **Livre des Inventaires**. Le calcul des réserves et l'affectation des résultats se font ensuite, « après bilan », ce qui donne un bilan *avant répartition* et un bilan *après répartition*, bilan de clôture et bilan d'ouverture. Prenons un exemple simple:

- stocks au 31 décembre 112 000; charges payées d'avance 1 200 (loyer), produits perçus d'avance 15 500 abonnements, créances totalement irrécouvrables 164;
- dotation exercice au compte amortissement: constructions (5%) 24 000, matériel et mobilier (10%) 21 236;
- dotation de l'exercice au compte provisions: pour créances douteuses 200.

On passera au Journal les écritures que vous trouverez dans le tableau suivant.

En ce qui concerne le compte de résultat, il reçoit:

en débit:
- le solde des charges d'exploitation (comptes 60 à 65)
- le compte 681 « Dotation aux amortissements et aux provisions » (amortissements et provisions concernant les charges d'exploitation)
- le solde des charges financières (compte 66)
- le solde des charges exceptionnelles (compte 67)
- le compte 687 « Dotation aux amortissements et aux provisions des charges exceptionnelles »
- la participation des salariés et l'impôt sur les bénéfices.

en crédit: – le solde des produits d'exploitation (comptes 70 à 75)
– le compte 781 « Reprises sur provisions »
– le solde des produits financiers (compte 76)
– le compte 786 « Reprises sur provisions »
– le solde des produits exceptionnels (compte 77)
– le compte 787 « Reprises sur provisions ».

Le solde du compte 12 « Résultat » dégage le **bénéfice** (compte 120) ou la **perte** (compte 129).

320	Stocks	112000	
486	Charges constatées d'avance	1200	
700	Abonnements	15000	
671	Créances irrécouvrables	164	
686	Dotation amortissements	45236	
686	Dotation provisions	200	
603	Variation de stocks		112000
613	Loyer		1200
487	Produits perçus d'avance		15500
410	Clients		164
2813	Amort. construction		24000
2815	Amort. matériel		21236
412	Créances douteuses		200
		174300	174300

Remarque: les termes « pertes » et « profits » ne sont plus utilisés.

On aboutit ainsi à un bilan dont nous donnons un exemple simplifié.

BILAN AU 31 DÉCEMBRE

		Actif	*Passif*
Immobilisations	991 000		
– amortissements	274 000	717 000	
Stocks	132 000		
– provisions pour dépréciation	20 000	112 000	
Clients	20 684		
– provisions pour créances douteuses	636	20 048	
Trésorerie		60 952	
Capital			720 000
Réserves			40 000
Fournisseurs			75 144
Compte régularisations			15 500
Résultat			59 356
		910 000	910 000

On porte ensuite au Journal l'écriture concernant la répartition des résultats.

12	Résultat exercice	59356	
106	Réserve		8000
110	Report		1356
456	Associés		50000
	(répartition des résultats)		

Chapitre VII
L'ANALYSE DU BILAN

LA METHODE DES RATIOS

L'analyse du bilan s'effectue tout spécialement par la **méthode des ratios**. Cette méthode permet d'interpréter la gestion d'une entreprise et sa situation financière. Elle permet aussi, éventuellement, de découvrir des « anomalies » dues à des irrégularités ou à des fraudes comptables.

Le mot ratio vient du latin *ratio* qui signifie, en particulier, calcul, proportion, rapport. C'est dans le sens de rapport qu'il est utilisé ici, rapport entre les groupes de comptes les plus significatifs du bilan. Il sert d'indice. Pour le calcul des ratios, nous pouvons retenir, à l'intérieur du bilan, les groupes suivants.

A l'actif

• *Valeurs immobilisées* – immobilisations incorporelles (frais d'établissement, fonds de commerce...), immobilisations corporelles (terrains, constructions, matériel et outillage...), immobilisations financières (prêts...)

• *Stocks* – matières premières, marchandises, produits en cours de fabrication...

• *Réalisable* – trésorerie (espèces en caisse, dépôts en banque et aux chèques postaux, bons du Trésor, bons de caisse...)

• *Disponible* – créances à court terme

Au passif

• *Capitaux propres* – capital, réserves, report, résultat...

• *Exigible à long terme* – emprunt

• *Exigible à court terme* – effets à payer, comptes fournisseurs et autres comptes créditeurs

• *Résultat*

Un bilan peut donc se schématiser ainsi:

Actif	*Passif*
Valeurs immobilisées Stocks Réalisable Disponible	Capitaux propres Exigible à long terme Exigible à court terme Résultat net

Le résultat net est le solde du compte « Résultat » de l'exercice après déduction de l'impôt.
Selon la dénomination du Plan comptable, on appelle *actif circulant* les stocks, les créances (clients, tiers,...), les valeurs mobilières de placement et les disponibilités.

LES RATIOS, LESQUELS ET COMMENT LES CALCULER

Donnons l'exemple d'un bilan très simple pour nous permettre de nous initier facilement à la notion de ratio.

BILAN AU 31 DÉCEMBRE

	Actif	*Passif*
Valeurs immobilisées	70000	
Stocks	3000	
Réalisable	2000	
Disponible	5000	
Capitaux propres		50000
Exigible à long terme		19000
Exigible à court terme		11000
	80000	80000

RATIO I – COUVERTURE DES IMMOBILISATIONS

Dans une entreprise normalement équilibrée, les valeurs immobilisées sont couvertes en premier lieu par les capitaux propres et, en second lieu, par tout ou partie du passif à long terme. Il est dangereux pour l'exploitant de se trouver dans l'obligation de recourir au crédit à court terme pour financer ses immobilisations.
Le ratio I est le rapport entre les capitaux permanents et les valeurs immobilisées:

$$\text{Ratio I} = \frac{\text{Capitaux permanents}}{\text{Valeurs immobilisées}}$$

Dans notre exemple, nous avons donc:

$$\text{Ratio I} = \frac{50\,000 + 19\,000}{70\,000} = 0{,}986$$

En principe, le ratio I doit être supérieur à l'unité. Un chiffre inférieur révèle que l'entreprise est tributaire de ses créanciers à court terme, non seulement pour le financement des valeurs immobilisées mais, également, pour celui de la totalité des valeurs d'exploitation.
Il convient de noter que le montant brut des valeurs immobilisées – qui figure au dénominateur du ratio – est généralement inférieur au coût de remplacement de ces éléments, ne serait-ce qu'en raison de l'augmentation des prix. Aussi, la situation présentée par le ratio I est-elle fréquemment plus favorable que la situation réelle.
Un ratio inférieur à l'unité, comme dans notre exemple, révèle un certain malaise actuel ou passé. Nous savons que l'actif représente la distribution des capitaux et le passif leur origine. Le capital, dans l'ordre normal des choses, a « financé » les immobilisations et ces dernières diminuent chaque année de la valeur des amortissements: elles sont donc inférieures au capital. Mais, si l'entreprise a des difficultés, si elle est en déficit, le capital aura été amputé de pertes. D'autre part, on a peut-être été obligé de négliger les amortissements – pourtant obligatoires – pour ne pas faire apparaître un déficit ou, du moins, pour le diminuer artificiellement.
Dans notre exemple, le ratio est légèrement inférieur à l'unité. Ce ne serait que la comparaison de ratios de bilans successifs qui rendrait compte de l'évolution: si le Ratio I fait partie d'une courbe ascendante – on peut espérer que la situation se redresse – le diagnostic sera donc moins grave que dans le cas contraire.

Ratio II – Indice du fonds de roulement

Ce ratio a pour objet de déterminer si l'entreprise a la possibilité de s'acquitter de ses dettes à court terme dans des conditions normales. On le calcule de la manière suivante:

$$\text{Ratio II} = \frac{\text{Stocks + Réalisable + Disponible}}{\text{Passif exigible à court terme}}$$

En principe, l'exploitant fait face à son passif à court terme au moyen des éléments de l'actif ayant la même nature, c'est-à-dire des biens non immobilisés: en premier lieu les liquidités, puis les valeurs réalisables, enfin les valeurs d'exploitation; l'ensemble étant considéré comme formant les *capitaux circulants* ou le *fond de roulement brut*.

Il va de soi que la réalisation totale et rapide des stocks ne constitue pas une opération normale, ni facile, de sorte que les moyens financiers à considérer ne comprennent, outre les valeurs réalisables ou disponibles, qu'une certaine fraction des stocks.

En reprenant les chiffres du bilan de notre exemple, nous avons:

$$\text{Ratio II} = \frac{3\,000 + 2\,000 + 5\,000}{11\,000} = 0{,}91$$

Ce ratio est encore inférieur à l'unité, mais il ne faut pas examiner un ratio, quel qu'il soit, en dehors de son contexte, or, dans le cas présent, si les dettes à court terme se montent à 11 000 F, il faudrait envisager de vendre la totalité des stocks pour régler les créanciers – hypothèse à écarter dans le concret – et vendre les valeurs de placement. Cependant, le bilan n'indique pas quelles sont les rentrées prochaines sur lesquelles on peut compter et ce d'autant plus que le compte « Clients » n'est pas tenu. Il est en effet possible que des rentrées normales, sur lesquelles on compte, permettront de régler les échéances du passif exigible. Le ratio II doit être examiné avec la plus grande attention, mais sans sortir de son contexte. Même s'il est supérieur à l'unité, il peut cacher une situation grave. Il est complété, fort heureusement, par le ratio de trésorerie.

Ratio III – Ratio de trésorerie

Le ratio de trésorerie est donné par la formule suivante:

$$\text{Ratio III} = \frac{\text{Disponible + Réalisable}}{\text{Passif exigible à court terme}}$$

La situation décrite par le ratio III implique le règlement des dettes à l'aide des seules valeurs à court terme et disponibles. Le ratio II (hypothèse de liquidation totale des stocks) et le ratio III se complètent et ne peuvent être dissociés. En reprenant les chiffres du bilan de notre exemple, nous avons:

$$\text{Ratio III} = \frac{2\,000 + 5\,000}{11\,000} = 0{,}64$$

Ce ratio est nettement inférieur à l'unité et il traduit des difficultés actuelles de trésorerie: il n'est pas possible de faire face à l'exigible à court terme, c'est-à-dire payer les fournisseurs et les traites acceptées, à moins que l'on ne compte sur des rentrées non prévues au bilan. On peut résumer ainsi la situation de l'entreprise telle qu'on peut l'interpréter à l'aide de ces trois premiers ratios.

Ratio I	Situation apparente de l'entreprise
Ratio II > 1	Equilibre financier probablement assuré
Ratio II < 1	Profond déséquilibre apparent
Ratio III nettement supérieur à l'unité	Sécurité financière
Ratio III nettement inférieur à l'unité	Difficultés de trésorerie

Il y a lieu de noter que la signification de ces ratios peut se trouver sensiblement affectée par la non-comparabilité éventuelle des échéances: celle des créances et celle des dettes, aussi bien que par l'incidence des sommes pouvant avoir un caractère particulier, telles que celles figurant – à tort ou à raison – sous les postes « Comptes courants d'associés », « Autres créanciers », « Comptes de régularisation »...

Ratio IV – Rotation des stocks

Le ratio IV permet d'apprécier l'importance des stocks et le rythme de circulation des fonds investis en valeur d'exploitation. En principe, plus la vitesse de rotation des stocks est grande (ratio élevé), et plus la situation de l'entreprise est favorable mais le coefficient de rotation des stocks est fort variable d'une profession à l'autre.
Ce ratio se calcule ainsi:

$$\text{Ratio IV} = \frac{\text{Ventes}}{\text{Stock moyen}}$$

D'une manière générale, un coefficient de 8 à 10 concrétise une vitesse de rotation rapide comme on en trouve dans certains commerces de détail, tandis qu'un ratio de l'ordre de 2 ou 3 traduit une rotation assez lente qui caractérise certaines industries et exige de solides moyens financiers de la part de l'exploitant.
Le ratio de rotation des stocks est moins significatif dans les entreprises de fabrication que dans les activités strictement commerciales, surtout lorsque les travaux en cours ne sont pas correctement évalués. D'autre part, le calcul étant basé sur la moyenne des stocks d'entrées et de sorties, le Ratio IV perd de son intérêt si, en cours d'année,

les stocks subissent d'importantes fluctuations – positives ou négatives – ou accidentelles.

INTERPRETATION DES RATIOS

L'analyse des ratios permet d'apprécier la structure financière et les résultats de gestion d'une entreprise à un instant donné, ainsi que les évolutions en cours des exercices successifs. Elle permet également d'effectuer des comparaisons entre entreprises appartenant à la même branche d'activités et de dégager des tendances générales et des anomalies. La signification apparente des divers ratios ne doit cependant pas faire perdre de vue que leur interprétation est toujours délicate. En effet:

- *d'une part* l'évolution d'un ratio – qui exprime le rapport de deux nombres – provient indifféremment de la variation du numérateur ou de celle du dénominateur. Des ratios de valeurs identiques peuvent ainsi représenter des significations économiques et financières très différentes;
- *d'autre part*, un ratio considéré isolément ne peut suffire à lui seul à caractériser une entreprise. Seule l'analyse comparative de plusieurs ratios, par les corrélations qu'elle établit, permet de dégager une appréciation d'ensemble sur l'entreprise à travers des résultats comptables et de faire apparaître, éventuellement, l'opportunité d'investigations plus complètes ainsi que l'orientation à donner à ces recherches.

Nota – Les instructions du Ministre de l'Economie et des Finances de 1969 et de 1972 proposent la méthode des ratios pour déceler les « anomalies » des déclarations fiscales des entreprises assujetties à l'impôt sur les bénéfices (11/3/1969, 27/10/1969, 9/8/1972)

LE SEUIL DE RENTABILITE

On appelle « seuil de rentabilité », ou « point mort », le point en deçà duquel une entreprise ne couvre plus ses frais ou le chiffre d'affaires minimum à atteindre pour ne pas être en déficit.
Pour déterminer ce point mort, il faut, au préalable, reclasser les charges et les produits en deux grands groupes: les charges fixes et charges variables; les produits fixes et produits variables.
Dans toute entreprise, un certain nombre de charges sont sensiblement les mêmes quel que soit le chiffre d'affaires, comme les frais généraux, les frais d'entretien des bâtiments, les charges sociales. Par contre, certaines charges sont proportionnelles au volume des affaires: l'achat des matières premières et des marchandises s'il s'agit d'une usine de fabrication ou d'un commerce.
Une classification analogue sera faite pour les produits.
Donnons un exemple simple et fictif avec les comptes suivants de charges et produits:

Achats	11 500	
Frais de personnel	4 550	
Impôts et taxes	1 050	
Entretien	9 450	
Eau, gaz, électricité	3 850	
Frais divers	16 800	
Amortissements	15 000	
Ventes		36 400
Loyers perçus		5 250
Exportations		21 000
Excédent produits/charges	450	
	62 650	62 650

Nous allons reclasser ces chiffres dans le tableau suivant:

	Charges		*Produits*	
	fixes	*variables*	*fixes*	*variables*
Achats	2800	8700		
Personnel	4550			
Impôts et taxes	1050			
Entretien	7700	1750		
Eau, gaz, électricité	1050	2800		
Frais de gestion	9100	7700		
Amortissements	15000			
Ventes				36400
Loyers perçus			3500	1750
Exportations			18200	2800
	41250	20950	21700	40950
Excédent produits/charges: 450				

Pour donner le tableau suivant:

	Charges	*Produits*
Fixes	41250	21700
Variables	20950	40950
	62200	62650
Excédent	450	
	62650	62650

Nous allons maintenant utiliser ces chiffres pour calculer le point mort. Il y a deux méthodes pour cela: la première avec un graphique dont l'intérêt principal est de nous faire mieux comprendre le mécanisme, et la deuxième mathématiquement.

MÉTHODE GRAPHIQUE

Sur du papier millimétré, on trace deux axes OX et OY et une parallèle HH' à l'axe OY. La distance entre cette parallèle et l'axe OY est arbitraire, on veille simplement à ce que le graphique reste dans le cadre du papier.
Sur cette droite HH', on porte le point T_p correspondant au total des produits – 62 650 dans notre exemple – et le point T_c, total des charges, soit 62 200. On ne tient pas compte du bénéfice ou, éventuellement, du déficit.
Sur l'axe OY porte le point P_f pour les produits fixes, soit 21 700 et le point C_f pour les charges fixes, soit 41 250. On fait passer une droite par les points P_f et T_p, cette droite coupe l'extrémité du graphique en A. On fait passer une autre droite par les points C_f et T_c qui coupe l'extrémité droite du graphique en B. Ces deux droites se coupent en P_m.
La droite P_fA représente les produits: elle part de la valeur initiale des produits fixes, 21 700, pour atteindre en T_p le total des produits de l'exercice. La droite C_fB représente les charges: elle part de la valeur initiale des charges fixes 41 250 pour atteindre en T_c le total des charges de l'exercice.
L'examen de ce graphique montre que les produits variables croissent plus vite que les charges. Il existe cependant un point d'équilibre, c'est le point P_m ou **point mort**.

Lorsque l'exercice est bénéficiaire, le point mort se situe à gauche de HH' puisque le point T_p est alors placé au-dessus de T_c et que les droites C_fT_c se coupent en HH'. Si le graphique a été établi avec soin, on déduit que la valeur du point mort se situe vers les 61 700. On en conclut que pour équilibrer les charges et les produits, il faut un minimum de 61 700 F de recettes.

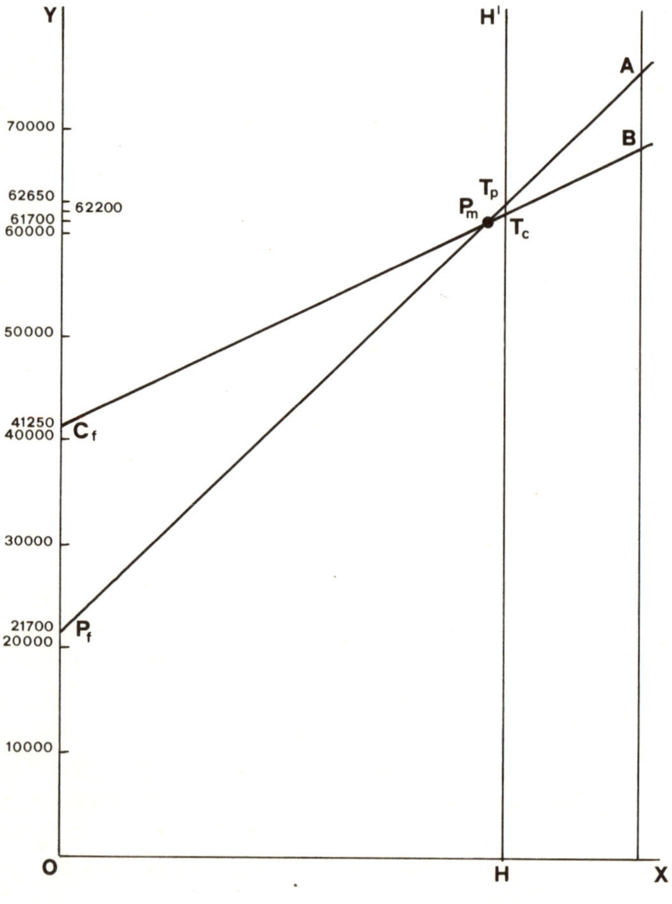

Méthode mathématique

On utilise la formule:

$$P_m = \frac{(C_f \times P_v) - (C_v \times P_f)}{P_v - C_v}$$

dans laquelle on a:

C_f = charges fixes C_v = charges variables

P_f = produits fixes P_v = produits variables

Reprenons les chiffres de l'exemple et nous avons ainsi:

$$P_m = \frac{(41\,250 \times 40\,950) - (20\,950 \times 21\,700)}{40\,950 - 20\,950} = 61\,700 \text{ environ}$$

Il faut donc un minimum de chiffre d'affaires de 61 700 F pour arriver à l'équilibre financier. Au-dessus, il y a bénéfice, en dessous, il y a perte.

Intérêt du point mort

Cette analyse est fort instructive et le calcul du point mort présente un intérêt certain dans maintes entreprises commerciales et industrielles.

Il s'agit bien sûr d'approximations, car le choix est souvent arbitraire en ce qui concerne la classification entre frais fixes et variables, et les frais variables ne sont pas toujours proportionnels, les faits économiques ne se reproduisant pas toujours d'une manière identique.

En connaissant ces limites, on peut cependant être amené à prendre de sages directives pour donner une nouvelle impulsion à une entreprise ou, en cas de crise, savoir s'arrêter à temps afin d'éviter le pire.

Chapitre VIII
LE BUDGET

Le budget peut être défini comme l'ensemble des recettes et des dépenses permettant de prévoir la rentabilité d'une entreprise.
Dans une affaire commerciale ou industrielle d'une certaine taille, l'élaboration du budget fait appel à une technique complexe et souvent fort raffinée (il en est de même pour le budget de l'Etat qui doit être voté par le Parlement).

BUDGETS FONCTIONNELS

Un budget doit comprendre la totalité des recettes et des dépenses d'une entreprise pendant une période donnée, une année en général. Les expressions « recettes » et « dépenses » sont prises ici au sens large, c'est-à-dire qu'il ne faut pas considérer uniquement les charges et les produits résultant du fonctionnement normal de l'entreprise – classes 6 et 7 du Plan comptable – mais aussi les immobilisations ou « dépenses en capital » et les moyens pour financer ces investissements.
Le budget d'une importante société est un document volumineux, divisé en sections appelées « chapitres », ou **budgets fonctionnels** et dont l'ensemble résumé dans ses grandes lignes forme le **budget général**.

Les budgets fonctionnels sont habituellement divisés en *budget ordinaire* et *budget extraordinaire*. Cette distinction, consacrée par l'usage administratif, est claire et nous la conservons.
Le *budget ordinaire* correspond au **fonctionnement normal et actuel** de l'entreprise et comprend toutes les recettes et toutes les dépenses courantes. Le *budget extraordinaire* permet le **fonctionnement futur** de l'entreprise; c'est le budget des investissements auquel il faut joindre le budget de financement de ces investissements.

Le budget ordinaire

Le budget ordinaire est constitué par un ensemble de budgets qui regroupent tous les comptes des classes 6 et 7 du Plan comptable.
Souvent, les budgets fonctionnels ne suivent pas exactement les divisions du Plan comptable, mais s'adaptent aux structures de responsabilités de l'entreprise.
Par exemple, dans une affaire commerciale, on pourra avoir les budgets fonctionnels suivants:
- budget des ventes;
- budget des frais de fabrication;
- budget de production;
- budget des stocks;
- budget des frais de distribution;
- budget des frais généraux...

Chacun de ces budgets sera encore divisé en sous-budgets pour s'adapter aux grandes divisions de l'entreprise. Par exemple, le budget des frais de distribution sera composé des sous-budgets suivants qui correspondent à des unités de travail:

- sous-budget des magasins et bureaux;
- sous-budget des agents et représentants;
- sous-budget de la facturation;
- sous-budget des emballages;
- sous-budget de prospection;
- sous-budget de publicité...

Cette division est parfois insuffisante. Le budget de la publicité, par exemple, pourra être divisé en autant de sections que de services différents: publicité par affiches, publicité par enseignes, publicité par la presse, publicité par la radio et la télévision...
On conçoit donc que le budget d'une entreprise commerciale ou industrielle puisse être un document volumineux et il n'est pas rare qu'il compte plusieurs centaines de pages.
Chaque budget fonctionnel doit être établi en tenant compte de son volume d'activité dans des conditions normales de fonctionnement et le montant de chaque poste doit être prévu selon les mêmes normes. Il faut aussi que chaque budget fonctionnel soit équilibré par rapport à l'ensemble des autres budgets pour éviter les goulots d'étranglement ou le gaspillage.

Préparation du budget ordinaire

Les comptes de fin d'exercice ont pour but de constater des faits passés tandis que le budget peut se définir comme *un ensemble de prévisions de recettes et de dépenses se rapportant à l'avenir*. Ces faits passés seront utilisés pour la préparation du budget.
La comptabilité générale fournit un chiffre par compte: il n'y a qu'une seule colonne pour les recettes et une pour les dépenses. Pour déterminer les chiffres se rapportant au

futur, c'est-à-dire pour faire des prévisions, il faut tenir compte du passé: ainsi sera-t-il fort pratique de prévoir une colonne supplémentaire où seront portés les chiffres du budget précédent réalisés et une autre pour noter les « écarts » en plus ou en moins. On a donc:

– colonne 1 – prévisions du budget écoulé;
– colonne 2 – réalisations du budget écoulé;
– colonne 3 – écarts entre prévisions et réalisations.

Nous arrivons ainsi à la forme classique « à trois colonnes » de préparation du budget.
Une dernière colonne servira à inscrire les chiffres prévus au prochain budget.
A la page suivante, nous vous donnons l'exemple d'un « Budget fonctionnel » des frais de personnel d'une entreprise.

Comme vous pouvez le remarquer, la deuxième colonne du budget ordinaire, celle des chiffres effectivement réalisés au cours de l'exercice, recoupe les comptes de résultat. L'excédent des recettes sur les dépenses du budget ordinaire correspond au bénéfice ou au déficit de l'exercice tel qu'il figure au bilan.
Les chiffres dégagés par la comptabilité générale ont pour but de faire apparaître les résultats nets d'exploitation et ne donnent qu'une vue globale de la répartition des charges et des produits.
Le budget, par contre, doit être un document entrant avec minutie dans les détails.
Dans les petites entreprises, dans les associations, dans diverses collectivités, on peut souvent trouver une *via media* grâce à une ventilation plus poussée des comptes de fin d'exercice et une réduction des rubriques du budget ordinaire, ceci afin d'obtenir le même nombre de sous-comptes.

BUDGET ORDINAIRE 1992 – FRAIS DE PERSONNEL

Sous-budgets	Budget 1991	Réalisé 1991	Ecarts en %	Budget 1992
1 Salaires	10045	10294	2,48	
2 Heures supplémentaires	647	664	2,63	
3 Primes	1085	1125	3,69	
4 Gratifications salaires	1736	1854	6,80	
5 Indemnités	2800	2800	0,00	
6 Appointements	8365	8716	4,20	
7 Gratifications appointements	1785	1745	– 2,24	
8 Avantages en espèces	5600	5705	1,88	
9 Congés payés	1011	913	– 9,69	
10 Supplément familial	437	483	10,53	
11 A.S. salaires	938	1012	7,89	
12 A.S. appointements	770	765	– 0,65	
13 F.F. salaires	1711	1727	0,94	
14 F.F. appointements	1570	1610	2,55	
15 A.T. salaires	203	220	8,37	
16 A.T. appointements	70	71	1,43	
17 Mutuelle	280	289	3,21	
18 Caisse Retraite	210	224	6,67	
	39263	40217	2,43	

Nota – Chiffres donnés en milliers de francs

On arrive ainsi à une solution simple et compréhensible par tous. On pourra cependant détailler, sur une feuille séparée, les parties du budget ordinaire pour lesquelles une analyse plus approfondie serait souhaitable.
Par exemple, un seul chiffre sera fourni pour le compte « Primes d'assurances », aussi bien en comptabilité que pour le budget, mais on pourra le ventiler séparément en différents sous-comptes: responsabilité civile, vol, incendie, transports,...
En résumé, les chiffres de la deuxième colonne correspondent à la fois aux soldes des comptes de la comptabilité générale et à l'exécution du dernier budget.

Le budget extraordinaire

Le budget extraordinaire, lui, prévoit les investissements, les « dépenses en capital » avec, pour contrepartie, un plan de financement.
Les investissements doivent assurer le fonctionnement futur de l'entreprise, de l'association, de la collectivité. Ils comprennent non seulement les achats de terrains, les constructions, les installations et les aménagements, mais aussi pour un avenir plus immédiat, les immobilisations en mobilier de bureau, matériel et outillage, véhicules et les grosses réparations à répartir sur plusieurs exercices.
Les prêts à long terme doivent aussi être portés dans le budget extraordinaire, au même titre que les autres immobilisations.
La préparation du budget extraordinaire suit, approximativement, les mêmes étapes que celle du budget ordinaire pour aboutir à une synthèse globale comme dans l'exemple ci-après.

BUDGET EXTRAORDINAIRE 1992
INVESTISSEMENTS

	Libellé	*Budget 1991*	*Réalisations 1991*	*Budget 1992*
1	Réparations importantes	24045	26335	25060
2	Constructions	98525	91289	78190
3	Achats terrains	11340	8817	0
4	Achats de matériel	15820	17461	11375
		149730	143922	114625

Nota: en milliers de francs.

Le plan de financement

Le plan de financement est destiné à équilibrer le budget extraordinaire. Il prévoit les emprunts, la réalisation de certains éléments de l'actif – vente d'un immeuble, par exemple – le recours au crédit bancaire, l'autofinancement...

Alors que le budget ordinaire doit être particulièrement précis et détaillé, il n'en est plus de même avec le budget extraordinaire. En effet, les prévisions, dans ce domaine, présentent trop d'impondérables et il est difficile de connaître avec exactitude le montant total des investissements en constructions, les prix et les délais étant en général assez élastiques. Il en est de même du plan de financement: la vente d'un immeuble produit rarement les sommes prévues, la différence en plus ou en moins peut causer des surprises. Les emprunts, la participation de capitaux étrangers à l'entreprise sont eux aussi sujets à de tels aléas que les prévisions ne peuvent être qu'approximatives.

Nous donnons ci-dessous l'exemple d'un budget extraordinaire de financement.

BUDGET EXTRAORDINAIRE 1992
FINANCEMENT

Libellé	*Budget 1991*	*Réalisations 1991*	*Budget 1992*
1 Subventions	35 000	35 000	17 500
2 Emprunts	70 000	70 000	80 500
3 Solde antérieur	9 759	9 759	18 174
4 Vente immeubles	42 000	47 337	0
	156 759	162 096	116 174
Financement	156 759	162 096	116 174
Investissements	149 730	143 922	114 625
Solde à reporter	7 029	18 174	1 549

Nota: en milliers de francs

Il convient de noter qu'il existe parfois une certaine incertitude de frontière entre budget ordinaire et budget extraordinaire. La réalisation d'une immobilisation, par exemple, doit être normalement prévue au budget extraordinaire bien qu'il s'agisse d'un compte de la classe 7. Dans le cas contraire, la question peut se poser aussi pour les immobilisations de peu d'importance: l'achat de mobilier et de matériel de faible valeur, bien que devant figurer au bilan en tant que biens durables, peut être parfois considéré comme des charges normales de l'exercice, surtout s'il porte sur des sommes à peu près les mêmes chaque année et donc, de ce fait, figurera au budget ordinaire (exemple: les draps d'un hôtel).
L'entreprise, ou la collectivité, devra donc étudier chaque cas particulier, établir ses propres normes – cela est très important – qui ne devront pas varier par la suite et auxquelles elle devra se référer rigoureusement afin de pouvoir comparer avec profit les budgets successifs.

LE BUDGET GENERAL

Le budget général recouvre d'une façon plus ou moins détaillée la totalité des activités en regroupant les divers budgets fonctionnels ordinaires et extraordinaires. Il permet aussi de saisir d'un seul coup d'œil l'évolution future dans son ensemble.
Nous vous donnons à la page suivante un exemple de regroupement de tous les comptes d'un budget général.

LES DOCUMENTS ANNEXES

Le budget général recoupe la totalité des activités de l'entreprise mais non la totalité des comptes qui auront à fonc-

BUDGET GÉNÉRAL 1992

	Budget 1991	*Réalisations 1991*	*Budget 1992*
Charges			
Charges ordinaires	125 151	128 950	130 554
Investissements	149 730	143 922	114 625
	274 881	272 872	245 179
Produits			
Produits ordinaires	129 185	131 554	133 094
Financement	156 759	162 096	116 174
	285 944	293 650	249 268
Balance			
Total produits	285 944	293 650	249 268
Total charges	274 881	272 872	245 179
Résultat	11 063	20 778	4 089

Nota: en milliers de francs

tionner au cours de la période budgétaire. En effet, certains budgets fonctionnels ne sont pas toujours prévus, en particulier ceux qui concernent les comptes « Capital » et « Fournisseurs ». Le budget de trésorerie lui-même – à ne pas confondre avec le plan de financement – n'est pas obligatoire. Il en résulte que le budget général, pour être clair, doit être accompagné d'un bilan prévisionnel.

Ainsi, au budget général, on devra joindre les documents annexes suivants:

– les budgets fonctionnels par section;
– le résumé chiffré des budgets fonctionnels;

- un compte de résultat prévisionnel;
- un bilan prévisionnel;
- un compte de charges et produits prévisionnel.

Ce dernier compte correspond dans certains cas – et tout particulièrement dans les petites entreprises, les associations, les collectivités à petit budget – au budget ordinaire tel que nous l'avons donné plus haut.

COMPTES DE BILAN ET BUDGET

La comptabilité générale ne fait pas ressortir les mouvements de valeurs concernant les immobilisations et leur financement et qui constituent pourtant la matière propre du budget extraordinaire. On devra donc rechercher dans les comptes de bilan les éléments nécessaires à l'établissement de la « deuxième colonne » du budget extraordinaire.
Pour vérifier l'exactitude des chiffres ainsi reconstitués, c'est-à-dire pour contrôler si la « deuxième colonne », celle des réalisations, ne comporte pas d'erreurs, il faudra établir une balance. Cette opération est basée sur la remarque que seuls les comptes de classe I et II concernent le budget extraordinaire.
Dans cette balance on portera:

- **en débit**: le montant total de la valeur de tous les comptes de la classe II *au début de l'exercice* et le montant total de la valeur de tous les comptes de la classe I *en fin d'exercice*;
- **en crédit**: le montant de la valeur de tous les comptes de la classe I *au début de l'exercice* et le montant de la valeur de tous les comptes de la classe II *en fin d'exercice*.

L'excédent des recettes extraordinaires sur les dépenses extraordinaires est porté au **crédit** de la balance; dans le cas de **déficit** du budget extraordinaire, celui-ci est porté au **débit** de la balance.
Cette balance utilise donc deux éléments de sources différentes: des comptes de bilan et le solde du budget extraordinaire. Elle permet ainsi un contrôle rigoureux. En outre, elle est facile à établir puisqu'il suffit de relever les chiffres donnés par le bilan d'ouverture et celui de clôture de l'exercice.
Toutefois, il convient de remarquer que les amortissements pratiqués durant l'exercice, ainsi que les provisions constituées durant cette période, ne doivent pas être portés dans la balance car ils sont imputés au budget ordinaire. De même, certains mouvements de valeurs immobilisées ou de capitaux permanents peuvent, exceptionnellement, être imputés au budget ordinaire (tel le cas d'achat de matériel représentant des sommes relativement faibles que l'on ne juge pas opportun de faire figurer au budget extraordinaire). Dans ce cas, on aura soin de ne pas porter dans la balance du budget extraordinaire le montant de ces sommes figurant au budget ordinaire.
Prenons un exemple concret.
Supposons que le bilan d'ouverture donne les chiffres suivants:
- total des comptes de la classe I: 216 632,
- total des comptes de la classe II: 176 274,

tandis que nous avons au bilan de clôture:
- total des comptes de la classe I: 293 204,
- total des comptes de la classe II: 234 672.

Excédent budgétaire	18 174
(293 204 − 216 632) − (234 672 − 174 274)	

La balance du budget extraordinaire se présente alors selon le tableau ci-dessous:

BALANCE
DU BUDGET EXTRAORDINAIRE

Total des comptes	*Débits*	*Crédits*
Classe I (capitaux permanents)		
début exercice		216632
fin exercice	293204	
Classe II (immobilisations)		
début exercice	176274	
fin exercice		234672
Excédent budgétaire		18174
	469478	469478
Nota: en milliers de francs		

La balance étant juste (se référer au tableau de l'exemple « Budget extraordinaire 1992 – Financement » page 120), nous savons qu'aucune erreur ne s'est introduite dans la « deuxième colonne » du budget extraordinaire.

L'EQUILIBRE BUDGETAIRE

Une règle de sagesse, qui paraît évidente, exige l'équilibre budgétaire: les recettes doivent au moins couvrir les dépenses, mais à quel niveau cet équilibre doit-il s'établir?

- Si le budget général est équilibré, faut-il exiger l'équilibre séparé du budget ordinaire et du budget extraordinaire?

- Ou, en d'autres termes, peut-on utiliser les bénéfices normaux résultant du budget ordinaire pour financer les investissements?

- Peut-on, dans l'hypothèse inverse, couvrir un déficit de gestion en utilisant les fonds non employés des investissements?

La réponse à la deuxième question est simple, du moins en principe. Les fonds destinés aux investissements ne peuvent couvrir un déficit de gestion sans engager l'entreprise dans une voie dont elle ne pourra que difficilement sortir. C'est donc le problème de rentabilité de l'entreprise qui doit être examiné au préalable avant même l'établissement du budget. Il n'est certainement pas raisonnable d'entreprendre de grands travaux si l'on doit fermer à brève échéance!
Par contre, financer les investissements en utilisant les bénéfices pose le problème de l'autofinancement. Question complexe qui doit être examinée dans chaque cas particulier.

La règle générale est donc la suivante: **le budget ordinaire et le budget extraordinaire doivent s'équilibrer séparément**. Ce n'est qu'à titre exceptionnel qu'on peut autoriser une dérogation à ce principe.
Cependant, s'il est souvent possible d'affecter à l'exercice suivant les bénéfices non distribués au budget ordinaire – il s'agit alors d'*autofinancement* – le « boni » du budget extraordinaire, par contre, doit toujours être reporté au budget extraordinaire de l'exercice suivant.

LE CONTROLE BUDGETAIRE

Nous avons vu que le budget doit être établi en détail et avec précision. Quel ordre de grandeur doit atteindre cette précision? On ne peut le fixer en ce qui concerne la valeur absolue. En effet, le montant des charges peut dépasser les prévisions parce que les ventes ont augmenté en conséquence.
La précision concerne donc surtout certains rapports fondamentaux tels que les quotients *ventes/achats* et *coûts réels/coûts prévus* pour lesquels on doit avoir une différence inférieure à 2%. Si l'écart de ces quotients est supérieur à ce taux, il convient alors d'en rechercher les causes et de se demander, au préalable, si elles ne proviennent pas d'un manque de méthode dans l'établissement des prévisions.
Cette première cause écartée, il faudra procéder à une analyse poussée des chiffres réalisés. Dans l'industrie, par exemple, on peut constater que les coûts de fabrication dépassent ceux du budget prévu; on sera alors amené à étudier les causes de ces variations: rendement individuel général, variation des prix en général ou celui des matières premières en particulier, des conditions d'utilisation de celles-ci en quantité et en qualité, etc...
De même, les écarts de main-d'œuvre peuvent trouver leur origine dans les facteurs les plus divers, tels que pertes de temps, contrôles insuffisants, manque de personnel qualifié, modification des procédés de fabrication, rémunération supérieure du personnel, climat social défavorable...
En conclusion, l'analyse peut s'étendre aux achats, aux ventes, aux stocks, en fait, à tous les éléments de chaque section des budgets fonctionnels.

Chapitre IX
LES COMPTES FINANCIERS

Les comptes financiers enregistrent les mouvements de valeurs en espèces, chèques, effets de commerce, coupons et les opérations effectuées avec les banques, les chèques postaux. Ils comprennent aussi les comptes relatifs aux prêts et emprunts ainsi qu'aux titres de placement.

LA LETTRE DE CHANGE

Les effets de commerce en usage en France, la lettre de change, ou traite, le billet à ordre et le warrant ne sont pas comptabilisés dans la classe V « Comptes financiers », mais dans la classe IV « Comptes de tiers [1] ».
Ainsi, quand l'entreprise accepte une traite pour régler un fournisseur, cet effet est porté au débit du compte « Fournisseurs » par crédit du compte 403 « Effets à payer ». De même, quand un client règle par lettre de change acceptée, le montant de l'effet est porté au crédit de son compte par débit du compte 413 « Effets à recevoir ».
Les agios – intérêts proprement dits de l'effet et commissions de la banque – sont, eux, à porter au débit du compte 66 « Charges financières ».

[1] L'ancien Plan comptable (1957) comportait les comptes suivants:
– 52 Effets et warrants à payer
– 53 Effets et warrants à recevoir

LES VALEURS MOBILIERES

Les valeurs mobilières de placement sont des titres acquis en vue d'en retirer un revenu direct ou une plus-value.
Il y a une différence essentielle avec les « titres de participation » classés au compte 25 bien qu'il puisse s'agir, dans l'un et l'autre cas, de la même chose.
En effet, sont des **titres de participation** les titres dont la *possession durable* est estimée utile à l'activité de l'entreprise, notamment si elle lui permet d'exercer une influence sur l'activité de la société émettrice des titres et d'en assurer le contrôle. On peut citer en exemple le cas d'une société qui achète la majorité des actions d'une autre société, celui d'une entreprise privée qui participe à la création d'une coopérative ou d'une mutuelle... et qui investit des fonds avec l'intention de pouvoir exercer une influence au sein du Conseil d'administration de la coopérative ou de la mutuelle.
Les **titres de placement**, eux, correspondent à une activité passive du bailleur – qui se contente des bénéfices qu'on veut bien lui attribuer – tandis que les titres de participation sont le fait d'une attitude active, d'une participation plus ou moins effective dans la marche de la société émettrice.
Le compte 50 « Valeurs mobilières de placement » comporte les importants sous-comptes: 503 Actions, 505 Obligations, 507 Bons du Trésor. Le Plan comptable en propose un inventaire permanent. Cette façon de procéder demandant une organisation parfaitement au point, une gestion de fichier et un travail qui ne se justifient pas toujours, on se contentera, dans la plupart des cas, d'un inventaire périodique, par exemple en fin d'année, et l'on pourra alors utiliser les chiffres d'évaluation fournis par la banque ou l'établissement financier.

La méthode la plus simple de comptabilisation consiste à porter la valeur du portefeuille en début et en fin d'exercice au compte 50 qui fonctionne alors comme un compte de stocks. Les achats et frais financiers vont au compte 66 « Charges financières » avec la valeur du portefeuille en début d'exercice. Le montant des ventes, les intérêts, les coupons et la valeur du portefeuille en fin d'exercice figurent au compte 76 « Produits financiers ».

Prenons un exemple simple.

Un portefeuille est estimé 72 610 F au 1er janvier et 73 820 F au 31 décembre. Tout au cours de l'année on a vendu des titres (actions et obligations) pour la somme de 7 150 F et on en a acheté pour 6 340 F. Il y a eu 3 450 F de revenus (coupons et dividendes) et 565 F de frais.

Les comptes 50, 66 et 76 se présentent ainsi:

50 Valeurs mobilières de placement

	Débits	*Crédits*
Portefeuille au 1er janvier	72610	
Viré du compte 66		72610
Valeur au 31 décembre	73820	

66 Frais financiers

	Débits	*Crédits*
Achats titres	6340	
Frais sur titres	565	
Portefeuille au 1er janvier	72610	
	79515	

76 PRODUITS FINANCIERS

	Débits	*Crédits*
Revenu titres		3450
Vente titres		7150
Portefeuille au 31 décembre		73820
		84420

Ce qui fait ressortir un bénéfice de
84 420 − 79 515 = 4 905 F.

INTERETS COMPOSES ET TAUX PROPORTIONNEL

On parle d'*intérêts composés* lorsque les intérêts s'ajoutent au capital pour produire de nouveaux intérêts. Il en est ainsi, par exemple, quand on dépose une somme à la caisse d'épargne sans effectuer de retraits pendant plusieurs années successives.
Pour calculer la valeur acquise par un capital placé à intérêts composés on utilise la formule suivante:

$$C = A(1 + i)^N$$

dans laquelle C représente la valeur acquise par le capital en fin de placement, A le capital initial, N le nombre d'années de placement, ou de périodes (mois, jours,...) et i = T/100, c'est-à-dire le *taux de placement* exprimé en pourcentage. Nous avons donc quatre éléments: C, A, N et T et il suffit d'en connaître trois pour calculer le quatrième.

Le taux peut être proportionnel c'est-à-dire que les intérêts s'ajoutent au capital à la fin de chaque année, ou de chaque semestre, ou de chaque trimestre ou de chaque mois pour produire de nouveaux intérêts.
Par exemple, un taux de 12% l'an correspond à 6% par semestre, 4% par trimestre ou 1% par mois. Ainsi, le capital constitué en fin d'exercice sera beaucoup plus grand si les intérêts s'ajoutent en fin de semestre plutôt qu'en fin d'année, en fin de trimestre au lieu de chaque semestre, ou à la fin de chaque mois et non en fin de trimestre.
Les taux de 12% l'an, 6% par semestre, 4% par trimestre et 1% par mois sont des taux proportionnels, ce ne sont pas des taux équivalents: une formule mathématique permet de calculer les taux équivalents que nous aborderons en fin de chapitre.

CONSTITUTION D'UN CAPITAL

On appelle « annuités » une suite de versements réguliers, constants, destinés soit à constituer un capital soit à rembourser un emprunt. Nous utiliserons de préférence le terme de « versements » pour les périodes inférieures à l'année.
Par exemple, vous versez au début de chaque année une somme de 14 993 F pour constituer un capital dont vous voulez disposer dans huit ans. Si l'intérêt consenti est au taux de 6,3% l'an, vos versements se seront montés à 119 944 F au bout de huit ans et votre capital s'élèvera par conséquent à 150 000 F. L'opération aura donc rapporté 30 056 F.
Le tableau ci-après montre le détail des opérations année après année:

Constitution d'un capital
(de 150000 francs en huit annuités constantes)

Année	*Intérêts 1/01*	*Annuité 1/01*	*Capital n−1*	*Capital constitué 31/12*
1	—	14993	—	14993
2	945	14993	14993	30931
3	1949	14993	30931	47873
4	3016	14993	47873	65882
5	4150	14993	65882	85025
6	5357	14993	85025	105375
7	6639	14993	105375	127007
8	8001	14993	127007	150001

REMBOURSEMENT D'UN EMPRUNT

Le remboursement d'un emprunt par annuités constantes pose un problème similaire à celui de la constitution d'un capital, mais il y a une différence importante dans le calcul des intérêts. En effet:

- **vous constituez un capital**: l'intérêt de chaque versement s'ajoute aux précédents. Le total des sommes versées est donc *inférieur au capital constitué;*
- **vous remboursez un emprunt**: vous devez payer à votre créancier les intérêts sur la partie non remboursée – on dit « non amortie » – du capital. Le montant total de vos versements est donc *supérieur* au montant de l'emprunt.

Voyons ci-après le tableau d'amortissement d'un emprunt de 150 000 F remboursé en dix annuités constantes de 24 850 F, ce qui correspond à un taux annuel de 8,87%.

TABLEAU D'AMORTISSEMENT D'UN EMPRUNT
(en 10 annuités constantes de 24850 francs)

Année	*Emprunt non amorti*	*Frais annuels*	*Remboursement*	
			annuel	*cumul*
1	150000	13305	11545	24850
2	138455	12280	12570	49700
3	125885	11165	13685	74550
4	112200	9952	14898	99400
5	97302	8630	16220	124250
6	81082	7191	17659	149100
7	63423	5625	19225	173950
8	44198	3920	20930	198800
9	23268	2063	22787	223650
10	481	42	24808	248500

- Frais annuels = emprunt non amorti × taux d'intérêt (8,87%).
- Remboursement annuel = annuité (24 850) − frais annuels.
- Emprunt non amorti année n = Emprunt non amorti année (n − 1) − remboursement annuel.

Nota: dans cet exemple, l'emprunt n'est pas totalement amorti à la fin de la dixième échéance car les chiffres ont été arrondis. On y remédiera en ajustant le dernier versement.

COMPTABILITE DES PRETS ET EMPRUNT

Les prêts sont des immobilisations et doivent donc être comptabilisés dans un compte de la classe II et figurer à l'actif du bilan. Les intérêts seront portés au compte 76 « Produits financiers », ou à un de ses sous-comptes. Les emprunts font partie de la classe I, et on les retrouve au passif.

Reprenons l'exemple, donné plus haut, de l'amortissement d'un emprunt. La somme empruntée a été portée au crédit du compte 16 « Emprunt » par débit de la banque. Après chaque versement, on crédite la banque de la valeur de l'annuité constante par crédit d'un compte d'amortissement et le compte de frais financiers selon les chiffres donnés par le calcul. Nous avons donc:

16 EMPRUNT

	Débits	*Crédits*
Année 1		150000

par débit de la banque

168 AMORTISSEMENT DE L'EMPRUNT

	Débits	*Crédits*
Année 1	11545	
Année 2	12570	
Année 3	13685	
Année 4	14898	
Année 5	16220	
....	....	

par crédit de la banque: 24 850 à chaque échéance

66 Frais financiers

	Débits	*Crédits*
Année 1	13305	
Année 2	12280	
Année 3	11165	
Année 4	9952	
....	....	

FORMULES UTILES

Pour terminer, donnons quelques formules utiles pour les calculs financiers.

1 – Calcul de la taxe

$$T = \frac{t}{1 + t}$$

T = taux taxe comprise
t = taux hors taxe

2 – Prix de vente

$$P_A = P(1 + t)$$

$$P_V = \frac{P}{1 - t}$$

P_A = prix de vente; marge par rapport au prix d'achat
P = prix hors taxe
P_V = prix de vente; marge par rapport au prix de vente

3 – Escompte

$$e = A \times t \times N$$

$$V = A(1 - n \times t)$$

e = montant de l'escompte
A = valeur nominale de l'effet
t = taux pour la période
V = valeur escomptée

4 – Intérêts composés

$C = A\,(1 + i)^{N}$

$A = C\,(1 + i)^{-N}$

$i = (C/A)^{1/N} - 1$

$$N = \frac{\ln C/A}{\ln (1 + i)}$$

C = valeur acquise par le capital
A = valeur actuelle du capital
i = intérêt en % par période
N = nombre d'années de placement

5 – Taux équivalents

$i = (1 + T)^{N} - 1$

$T = (1 + i)^{1/N} - 1$

i = taux annuel
T = taux équivalent
N = 2 pour semestre
= 4 pour trimestre
= 12 mensuel

6 – Constitution d'un capital

$$V = C \times \frac{i}{(1 + i)^{N} - 1}$$

i = taux intérêt par période
V = versements (montant de chaque échéance)
N = nombre d'échéances
C = capital à constituer

7 – Remboursement d'un emprunt

$$V = C \mathrm{X} \frac{i}{1 - (1 + I)^{-N}}$$

V = montant de chaque échéance
C = capital à rembourser
N = nombre d'échéances
i = taux d'intérêt par période

Chapitre X

COUTS ET PRIX DE REVIENT

La comptabilité générale établit la *situation* d'une entreprise en faisant ressortir le passif et l'actif et détermine les *résultats globaux* de l'exploitation, bénéfice ou déficit; la comptabilité analytique a trait au calcul des coûts et prix de revient.
L'établissement du budget, c'est-à-dire le passage de la "comptabilité descriptive" à la "comptabilité de prévision", sera facilité si le système de comptes employé permet de déceler facilement les variations de coûts et de prix de revient, et l'interprétation des écarts constatés. L'emploi de budgets correctement établis fixe des limites raisonnables à l'importance éventuelle des écarts.

LE CLASSEMENT DES COMPTES

Donnons quelques exemples: le compte 64 "Charges de personnel" reçoit les différentes charges versées ou consenties aux salariés de l'entreprise (salaires, appointements, avantages en nature, etc.) sans tenir compte de la destination. Ainsi, dans un établissement d'enseignement avec internat, ce classement n'indique pas s'il s'agit des traitements des professeurs (enseignement), des salaires des employés de la cantine ou des surveillants des dortoirs.

De même, le compte 616 “Primes d’assurances” concerne les différentes primes versées aux assureurs (incendie, vol, transport, responsabilité civile, etc.) mais sans avoir à connaître si ces primes se rapportent à telle activité. Ainsi, elle ne fait pas de distinction entre l’assurance de la voiture d’usage général et celui du ramassage scolaire.
Le plan comptable comporte déjà une amorce de classification par destination.
Exemples: le compte 60 “Achats” est destiné à recevoir les achats de matières premières (compte 601), les matières consommables, les emballages, les marchandises... Le compte 624 “Transports des biens et personnes” comporte une ventilation transports sur achats, transports sur ventes, transports administratifs, transports collectifs du personnel, etc.

On ne peut aller trop loin dans la double classification par nature et par destination car il est souvent impossible de prévoir l’affectation définitive d’un frais lors de la saisie comptable. Si une certaine latitude est tolérée, il faut conserver la classification par nature dans la comptabilité générale.

Reclassement des comptes

Pour déterminer des coûts et des prix de revient, il faut reprendre les charges de la comptabilité générale et les regrouper dans la classe 9 affectée à la comptabilité analytique d’exploitation.
Donnons un exemple simple: on veut évaluer le prix de revient annuel d’utilisation d’une voiture. On devra reprendre dans la comptabilité générale les frais suivants:
– amortissement du véhicule pendant la période donnée;

– frais d'achats d'huile et d'essence;
– frais d'entretien et de réparations;
– primes d'assurance;
– salaire du chauffeur + charges sociales;
– charges locatives du garage.

On prend seulement les frais concernant le véhicule envisagé. S'il y a plusieurs voitures, il faut ventiler les frais d'achats d'huile et d'essence, d'entretien, répartir équitablement les salaires des chauffeurs, les charges locatives du garage, etc.

Coûts comparables

Un nouvel exemple va nous permettre de saisir un autre aspect du problème. Pour connaître le prix de revient par rationnaire du poste *Alimentation* d'une cantine, on divise la dépense totale des achats du compte *Alimentation* par le nombre de repas servis. Cette façon de procéder permet d'utiles comparaisons avec des établissements similaires mais sous condition que ces chiffres aient été obtenus selon les mêmes normes.
Pour peu qu'on soit exigeant, les chiffres bruts du compte *Alimentation* ne suffisent pas. Les aliments ne sont pas présentés crus sur la table, mais doivent subir une préparation. Il faut tenir compte des coûts entraînés par cette préparation: salaires du personnel de cuisine, charges sociales correspondantes, combustible utilisé, frais d'eau, de courant électrique, etc. Ces frais peuvent varier considérablement d'un établissement à un autre.
En poussant plus loin l'analyse du prix de revient, on voit que d'autres frais, eux aussi sujets à variation, ne peuvent être négligés. Il en est ainsi des frais généraux d'entretien

des bâtiments, assurances, impôts, transports, etc., qui contribuent pour leur part au calcul du poste *Alimentation*. Ces exemples simples nous permettent de comprendre la complexité du problème. Il faudra alors faire appel à un *tableau de répartition* dont il va être question.

Le tableau de répartition

La comptabilité générale fournit des résultats globaux: bénéfice net de l'exercice, mais sans aucune ventilation. Or, un chef d'entreprise, un industriel par exemple, a un intérêt vital à connaître les résultats par article fabriqué. Prenons le cas d'une école privée, d'un collège avec internat, l'économe devra connaître les coûts et prix de revient des principaux secteurs. Pour ce faire, il divise son établissement en *sections homogènes*, c'est-à-dire en ensembles représentant une certaine unité d'activité, nous aurons:
- *l'externat* (enseignement, études surveillées);
- *le pensionnat* (cantine);
- *l'internat* (logement des internes).

Ainsi, pour connaître le prix de revient de l'externat, on tient compte des honoraires des professeurs, du salaire des employés et des charges correspondantes. Le problème se complique avec le personnel utilisé simultanément dans diverses sections:
- le même éducateur assure les études surveillées (externat), la surveillance du réfectoire (pensionnat) et des dortoirs (internat);
- la même équipe d'employés se charge de la propreté des classes, des dortoirs et des réfectoires.

Une répartition s'impose pour attribuer à chaque *section homogène* uniquement les charges qui lui incombent.

Un problème analogue se pose avec les locaux: le total des charges d'entretien et de réparation des bâtiments, d'éclairage, de chauffage, d'assurances, d'impôts devra être réparti entre les trois sections selon les surfaces ou volumes occupés.
Cette répartition présente un caractère arbitraire. Avec de la méthode et de la réflexion on peut arriver à établir un tableau de répartition reflétant la réalité d'assez près.

DÉTERMINATION DES COEFFICIENTS

Il existe différentes méthodes pour établir un tableau de répartition. Celle que nous indiquons ici a pour principal objectif d'expliquer les mécanismes utilisés.
Soit l'exemple du collège donné plus haut. Pour établir le tableau de répartition, on calcule les divers coefficients de chaque section selon le modèle ci-dessous.

Sections / *Coûts à répartir*	*Externat*	*Pensionnat*	*Internat*	
Achats	5%	80%	15%	100%
Personnel	75%	15%	10%	100%
Entretien	25%	35%	40%	100%
Transports	30%	55%	15%	100%
Frais généraux	31%	34%	35%	100%

L'établissement d'un tel tableau demande un sérieux travail de préparation et, d'autre part, il est continuellement sujet à modifications.
Dans cet exemple, nous n'avons donné qu'un nombre res-

treint de coûts à répartir; dans le concret toutes les charges sont prises en compte. Certains coûts peuvent être affectés à 100% à certaines sections – par exemple les honoraires des professeurs à la section enseignement – ce qui nous mène à distinguer les *frais directs* et les *frais indirects*.

LA CLASSE 9 DU PLAN COMPTABLE

Jadis, la tenue de la comptabilité analytique entraînait une somme considérable d'écritures; grâce aux moyens élaborés dont nous disposons de nos jours (ordinateur), le calcul des coûts et prix de revient a gagné en rapidité d'exécution et facilité d'emploi.
Le plan comptable général s'étend longuement sur le fonctionnement de la comptabilité analytique. Nous donnons ci-dessous un extrait du texte officiel, abrégé, simplifié et mis à la portée du lecteur qui n'est pas familier avec ces techniques.
La comptabilité analytique d'exploitation est conçue pour mettre en relief les éléments constructifs des coûts et résultats qui présentent le plus d'intérêt pour la direction des entreprises. La classe IX groupe l'ensemble des comptes de la comptabilité analytique d'exploitation, c'est-à-dire les comptes qui ont pour objet:

1. De faire apparaître des éléments pouvant contribuer à la détermination des prix de vente ou au contrôle de la rentabilité et de fournir en cas de besoin des éléments justificatifs de facturation d'objets, de produits ou de services.
2. De permettre l'examen des conditions internes de l'exploitation par:

– l'analyse des charges d'exploitation et l'observation de leur évolution;

– la comparaison de ces charges à des prévisions ou à des normes préétablies, l'analyse des écarts et la recherche de leurs causes;
– de fournir à l'entreprise les bases d'évaluation de certains éléments de son actif: immobilisations, stocks de toute nature, travaux en cours, etc...

Une des notions essentielles de la comptabilité analytique d'exploitation est le *prix de revient.*
On appelle prix de revient la somme des éléments qui, pour un produit, une marchandise, une prestation de service correspond au stade final, celui de la vente inclus, des marchandises, produits ou prestations de service. Le prix de revient est l'*ensemble des coûts.*

Autonomie de la comptabilité analytique

Les différences d'objets et de nature que la comptabilité analytique d'exploitation présente par rapport à la comptabilité générale, ainsi que les commodités d'exécution du travail comptable, ont conduit à la rendre autonome tout en assurant sa concordance avec les données de cette dernière.
Cette autonomie est assurée par les comptes dits "réfléchis" qui sont destinés à recevoir la contrepartie des écritures de prise en charge, par la comptabilité analytique, de celles des données de la comptabilité générale qu'elle prend en considération.
Elle est donnée comme méthode générale, mais les entreprises peuvent, sous réserve des recommandations qui sont exposées plus loin, faire jouer directement les comptes de coûts et de prix de revient avec ceux de la comptabilité générale.

Structure générale

Nous présentons une structure générale simplifiée afin que le lecteur puisse saisir les grandes lignes de fonctionnement. Voici les principaux comptes utilisés.

94 Inventaire permanent

Organisation des comptes de stocks qui, grâce à l'enregistrement des mouvements, permet de connaître de façon constante, en cours d'exercice, les existants chiffrés en quantité et en valeurs.

96 Ecarts sur coûts préétablis

Les coûts préétablis sont calculés a priori pour chiffrer des mouvements en quantité et en valeur à l'intérieur de la comptabilité analytique d'exploitation, en vue de faire apparaître distinctement les écarts entre les charges réelles et les charges prévues lors du calcul des coûts préétablis.
Il est d'un grand intérêt pour la gestion de l'entreprise de comparer des coûts et prix de revient ainsi obtenus avec des éléments homologues de référence dégagés de l'étude du passé ou estimés a priori par des procédés divers.
Au lieu d'effectuer cette comparaison par voie extracomptable, on peut aussi faire apparaître directement dans la comptabilité même les différences ou "écarts" entre les éléments comptables réels et les éléments de référence.

97 Différences d'incorporation

Différences entre:
- les charges figurant en comptabilité générale et celles que la comptabilité analytique incorpore aux coûts et prix de revient;

– les produits figurant en comptabilité générale et ceux que la comptabilité analytique incorpore aux résultats.

Comptes réfléchis

Le premier groupe de compte 90 "Comptes réfléchis" assure l'autonomie de la comptabilité analytique. Il reçoit, notamment:

– le montant des stocks et des travaux en cours au début de l'exercice pour permettre la mise en place de l'inventaire permanent;
– le montant des charges et des produits d'exploitation défini en comptabilité générale.

Ces comptes réfléchis reçoivent donc la contrepartie des éléments enregistrés dans la comptabilité générale aux classes 3, 6 et 7. La comptabilité analytique est donc parallèle à la comptabilité générale et lui est liée arithmétiquement, elle la reflète comme un miroir, d'où le nom de comptes réfléchis.

Les comptes 91 et 92

Si toutes les charges pouvaient, dès l'origine, être affectées au prix de revient, les deux groupes de comptes 90 et 93 "coûts et prix de revient" seraient suffisants pour la détermination de ceux-ci. Mais, dans la réalité, seules certaines charges peuvent être directement affectées, d'autres doivent faire l'objet de regroupements préalables en vue de permettre leur imputation: un groupe de comptes "92 Sections" a été prévu à cet usage.
Les regroupements effectués dans les comptes 92, en vue

du calcul des coûts et prix de revient, ne fournissent pas toujours directement les renseignements nécessaires aux analyses de gestion: le groupe de comptes 91 est prévu pour effectuer, si besoin est, des groupements distincts de ceux du groupe 92.
Reprenons l'exemple de l'établissement scolaire donné plus haut. Certaines charges seront à afffecter uniquement à l'enseignement, d'autres à la cantine et enfin, certaines devront être réparties suivant des coefficients ainsi que nous l'avons expliqué plus haut. Les achats de produits alimentaires seront portés directement au débit du compte 93; il en sera de même pour les honoraires des professeurs. Les frais de chauffage, d'éclairage, par contre, devront être ventilés, d'où la nécessité de passer par le compte 92.
Les comptes de *reclassement des charges* sont destinés à grouper des éléments dont on désire connaître le total, que ces éléments puissent ou non être directement affectés aux coûts ou prix de revient, ou non être rapportés à une unité commune, qu'ils correspondent ou non à une division de l'entreprise.

PRIX DE REVIENT

Le prix de revient représente tout ce qu'ont coûté les marchandises, produits ou services vendus, jusqu'au moment où les ventes sont réalisées: coûts d'achat, de production et de distribution.

Coûts d'achat. Ils représentent tout ce qu'ont coûté les marchandises et les matières mises en stock, c'est-à-dire le montant figurant sur les factures d'achat majoré de tous les frais d'achat et éventuellement des frais d'approvisionnement.

Ces coûts sont recherchés directement par nature de marchandise ou de matière, ou exceptionnellement, par groupe de marchandise ou de matière.

Coûts de production. Ils représentent tout ce qu'ont coûté les produits semi-ouvrés ou finis ou les services créés par l'entreprise, c'est-à-dire le coût d'achat majoré de toutes les charges directes ou indirectes de production, jusqu'au stade qui précède immédiatement celui de la vente.

Coûts de distribution. Ils comprennent exclusivement les charges directes et indirectes afférentes à la distribution; ils représentent ainsi tout ce qu'ont coûté les opérations relatives à la conclusion et à l'exécution des ventes.

Les prix de revient sont calculés par produits, groupes de produits, régimes de ventes ou secteurs commerciaux ou selon tout groupement correspondant à l'analyse des résultats d'exploitation recherchés.

Résultats

Le principe de calcul des résultats d'exploitation en comptabilité analytique est basé sur la confrontation directe pour telle partie considérée de l'activité de l'entreprise, du montant des ventes et du prix de revient des productions vendues.
On obtient ainsi le résultat sur ventes selon la formule élémentaire:

Résultats = Ventes – Prix de revient

Le montant obtenu globalement pour l'ensemble des partiesde l'entreprise obtenu en comptabilité générale se calcule selon la formule:

Résultat d'exploitation = Total produits – Total charges

Les éléments retenus pour les ventes et le prix de revient des productions ne sont pas les mêmes en comptabilité générale et en comptabilité analytique, il n'existe donc pas une coïncidence, terme par terme, entre les deux expressions ci-dessus du résultat, mais une concordance globale.

Chapitre XI
LES FRAUDES COMPTABLES

Les fraudes comptables peuvent se commettre aussi bien dans les grandes entreprises employant des centaines ou des milliers de salariés que dans les moyennes et les petites… On en distingue deux grandes catégories: celle des employés et celle des dirigeants.
Une petite entreprise, une association sans but lucratif – sportive, culturelle ou cultuelle n'est pas inévitablement à l'abri des fraudes comptables. Le responsable qui connaît les procédés utilisés par les fraudeurs sera alerté par des signes d'irrégularité et surtout saura prévenir la fraude en prenant certaines mesures préventives et particulièrement en dotant son administration d'une sérieuse organisation comptable.

LES FRAUDES DES EMPLOYES

Le vol d'espèces en caisse, ou de marchandises, ne constitue pas une fraude comptable s'il n'y a pas de tentative de dissimuler l'acte dans les écritures. Il s'agit alors d'un simple vol.
La véritable fraude comptable consiste en une opération – ou une série d'opérations – ayant pour objet de dissimuler le vol dans la comptabilité afin qu'il ne soit pas découvert et puisse, éventuellement, se renouveler au cours des mois et des années à venir.

Les fraudeurs ont recours à de nombreux procédés, dont certains sont assez primitifs, mais d'autres particulièrement étudiés, témoignant d'une fertile imagination et d'une parfaite connaissance des mécanismes comptables de l'entreprise et de la prise de conscience de ses points faibles.

LES TROUS DE CAISSE

La tentation est grande pour celui qui manipule des espèces de vouloir s'en approprier une petite part. Le plus souvent, au début, l'employé n'est pas un voleur, il veut simplement *emprunter* une somme dont il a besoin et il a la ferme intention de la rembourser par la suite. L'opération réussie, il va recommencer et le « trou » continue à se creuser alors que l'employé a un besoin d'argent de plus en plus impératif, souvent pour spéculer, jouer ou dépenser...
Pour dissimuler ses agissements, il va d'abord recourir à des procédés primitifs tels que ratures, surcharges ou taches d'encre pour rendre l'écriture illisible; les plus astucieux auront eu soin, au préalable, de maculer certains chiffres compromettants. L'employé aux abois recourt aussi à la fraude simple et simpliste de l'erreur d'addition pour minorer une recette ou majorer une dépense. Pour que l'opération passe inaperçue, il fait porter son choix sur des comptes dont le contrôle est difficile, tels que les frais de voyage, l'entretien, les pourboires... Ou bien il porte des recettes en dépenses, commet des erreurs de report.
On a vu des caissiers endosser à l'ordre de fournisseurs des effets reçus. Ils simulaient ensuite un règlement par caisse et puis falsifiaient les additions. Des comptables habiles peuvent arracher avec délicatesse des pages complètes d'un registre et les remplacer par des pages blanches du même registre dont ils ont maquillé la numérotation (le folio 128

devenant, par exemple, le folio 28). Le même registre, le même papier étant ainsi conservés la détection de la fraude est rendue plus difficile.
Le caissier indélicat, bien placé par son travail pour découvrir les points faibles de l'organisation de son entreprise, est ainsi à même d'inventer toujours de nouvelles fraudes.

La falsification des documents

La falsification des documents est un procédé largement utilisé dans certaines maisons: des employés indélicats sont allés rechercher dans les archives des pièces comptables authentiques telles que les factures de gaz, d'électricité, de loyers, etc. dont ils ont changé les millésimes dans le but de les encaisser à leur compte. D'autres ont détourné des recettes par fausses quittances ou ont prélevé des marchandises dans les stocks à l'aide de faux bons.
A l'intérieur d'une même entreprise, surtout si elle atteint une certaine taille, il se crée parfois des chaînes de complicité qui facilitent ces divers types de fraudes. Par contre, la fabrication pure et simple de faux documents, et en particulier de factures fictives, nécessite une véritable organisation et reste beaucoup plus le fait de fraudes commises par les patrons et les dirigeants que par les employés eux-mêmes.

Les comptes « Fournisseurs » et « Salaires »

Le compte « Fournisseurs » permet à l'employé indélicat de commettre de fructueuses opérations. Lorsqu'une entreprise règle chaque mois des centaines de factures, les responsables du service ne peuvent se souvenir des règlements effec-

tués et ne peuvent donc se rendre compte d'un double paiement, surtout si le fraudeur a eu soin de décaler les échéances de façon telle qu'il y ait toujours deux mois d'intervalle entre deux règlements successifs effectués à un même nom. D'ailleurs, la fraude impose la falsification des états récapitulatifs – en principe *extra-comptables* – et la complicité de plusieurs employés.
Le compte « Salaires » a permis de nombreuses fraudes. Le procédé classique consiste à établir des listes fictives de paye au nom d'employés ayant quitté l'entreprise depuis peu de temps.
Ces fraudes requièrent presque toujours la complicité de plusieurs employés. On a pu découvrir de véritables *gangs* de fraudeurs qui opéraient au sein d'une même entreprise.

Les frais généraux

Les frais généraux sont la providence des fraudeurs. Des comptes tels que « Intérêts et Provisions », « Pertes et Profits », « Divers », etc. sont destinés à recevoir les écritures les plus variées qu'on ne sait trop mettre ailleurs. L'intérêt tout particulier pour le fraudeur tient à ce que ces comptes de gestion sont soldés en fin d'exercice, faisant ainsi disparaître les traces de la fraude. Ces « Frais généraux » ont permis de détourner des sommes élevées.
Grâce à ces comptes des « anomalies » qui, prises en détail ne manqueraient pas d'éveiller l'attention d'un chef de service, se trouvent réparties en de nombreuses rubriques éparpillées et diffusées dans une multitude de différents comptes de frais généraux. Le fraudeur peut ainsi aisément enregistrer la contrepartie de recettes détournées et masquer toute une série d'opérations sur lesquelles il redoute qu'on fasse la lumière.

Les stocks

Le fraudeur sait habilement tirer profit des défectuosités d'organisation de la maison où il travaille. Les marchandises en stock ou en magasin se prêtent souvent à des opérations particulièrement lucratives.

Il se commet dans les stocks de marchandises d'incroyables tours de force pour masquer les vols tels que caisses vides rangées parmi des caisses pleines, tonneaux remplis d'eau entreposés dans les endroits les plus inaccessibles, etc. Mais la fraude comptable s'opère surtout au moyen d'écritures dolosives et de faux bons.

Le compte « Marchandises » sert aussi aux fraudeurs à enregistrer d'une manière détournée des vols de caisse alors que la vente de la marchandise contre espèces sonnantes avait été portée comme sortie de produits avariés.

L'astuce au service de la fraude

On a vu des fraudeurs utiliser le crédit de leur maison pour réaliser à leur propre compte de fructueuses opérations, ou bien boucher des « trous » de caisse ou s'assurer des avantages personnels; des employés ont même emprunté des sommes à des clients pour leur usage privé en leur donnant, en contrepartie, l'assurance que le règlement de leurs factures ne serait pas exigé avant plusieurs mois; d'autres se prétendant mandatés par leur patron ont réalisé d'avantageuses transactions dont ils tirent de substantiels avantages. On a cité le cas de caissiers qui s'étaient emparés pour un temps de valeurs mobilières pour obtenir des avances sur titre par une banque. La plupart du temps, de telles opérations finissent mal car *l'emprunteur* n'arrive pas à rembourser.

Le « pot-de-vin » – ou *dessous de table* – est une fraude difficile à découvrir. L'indélicat, moyennant une enveloppe bien garnie, se prête à des complaisances telles que passer un marché, commander des marchandises sans nécessité, enfler les stocks plus que nécessaire…

Signalons aussi la fraude à l'ordinateur qui fut largement pratiquée à une époque. Le programmeur est un technicien de la marche d'une mystérieuse machine dont ses chefs, bien souvent, ignorent les premiers principes de base. Bien placé pour imaginer des opérations lucratives pour lui, il est parfois soumis, de par son métier, à de fortes tentations. La presse a rapporté, par exemple, le cas de ce technicien qui avait imaginé de modifier un programme pour arrondir au franc inférieur la paye de chaque salarié, la différence étant portée au crédit de son propre compte. Comme il s'agissait d'une société occupant des milliers de salariés, l'affaire fut singulièrement fructueuse. Le malheur voulut que cette fraude fut accidentellement découverte.

L'imagination des fraudeurs est fertile et il y en aura toujours qui trouveront la bonne formule. Une organisation comptable rigoureuse est la première arme à utiliser pour lutter contre la fraude comptable.

Les possibilités de fraude

Un comptable, familier des rouages administratifs de sa maison, connaît la valeur des relations financières de son entreprise avec les fournisseurs, les clients, la banque et il est bien placé pour juger des mouvements des valeurs qui s'échangent avec l'extérieur. Un employé indélicat finit par repérer les points faibles et les imperfections du mécanisme, il sait où ses propres irrégularités peuvent se commettre impunément.

Quand une affaire grandit, les circuits ont presque toujours tendance à se détériorer, la routine mène au relâchement, tel contrôle est abandonné, tel secteur n'est plus vérifié. Un employé peu honnête tente d'abord de timides indélicatesses, mais peu à peu, il acquiert de l'expérience, perfectionne ses techniques, prend de l'assurance et finalement se lance dans des opérations de plus grande envergure.

Les responsables d'une entreprise, même petite, ne doivent pas ignorer que le risque existe, ils doivent savoir faire preuve d'une méfiance systématique et compréhensive à l'égard de toute opération pouvant être l'objet de falsifications. Pour mener une lutte efficace contre la fraude comptable, il leur faut d'abord mettre sur pied une organisation comptable sérieuse, mise au point par un professionnel car, pour qu'une fraude soit commise, il faut qu'elle soit possible, que l'organisation comporte des lacunes.

L'organisation seule ne suffit pas. Il convient de s'astreindre à de fréquentes vérifications, il faut éviter les *doubles fonctions* incompatibles entre elles et procéder à des révisions comptables.

Remèdes contre la fraude

Les vérifications

Il faut prendre l'habitude de vérifier la caisse et les stocks. Les contrôles doivent s'effectuer régulièrement, tous les jours ou toutes les semaines et aussi d'une manière imprévue. Les employés savent alors que ces vérifications sont dans les usages de la maison et ils ne s'en formalisent pas.

Quand on vérifie des liasses de billets de banque, il faut absolument que tous les billets soient disposés sur la même face et que l'épingle ou l'agrafe qui les relie soit placée dans un angle et non au milieu. On déjoue ainsi la fraude qui consiste à faire des liasses de dix billets avec seulement neuf

ou même huit, par l'insertion d'un ou de deux billets pliés en deux et qui donnent l'apparence d'une liasse.
Une autre précaution consiste dans l'addition journalière des sommes reçues par chèques bancaires ou versements postaux. Les totaux doivent être comparés avec les dépôts inscrits au service de trésorerie. S'il y a une différence – ce qui est fréquent – on doit en trouver l'explication.
Enfin, est-il nécessaire de le rappeler, toute écriture doit être passée avec la pièce comptable appropriée. Nous allons revenir sur ce point important avec la révision interne (voir page suivante).

Les fonctions incompatibles

Confier à la même personne à la fois des responsabilités financières et des responsabilités comptables c'est prendre le risque de la tenter à frauder.
Un caissier ne devrait jamais être en même temps comptable ou être autorisé à sortir des sommes sans la signature d'un chef de service; un comptable non plus ne peut être habilité à accomplir des opérations telles que signer des bons de sorties ou d'entrées au magasin; le magasinier sera contrôlé à un échelon plus élevé.
Recettes et dépenses de caisse doivent, dans la mesure du possible, donner lieu à des mouvements d'espèces effectués par des personnes différentes. Il n'est pas souhaitable que le préposé à la trésorerie se contrôle lui-même. Dans certaines entreprises, les caissières ne sont pas autorisées à faire la caisse: c'est une autre employée qui en est chargée. On évite ainsi bien des tentations.
En outre, chaque fois que cela est possible, il faut que deux employés au moins collaborent dans des services tels que celui de l'enregistrement des factures et leur règlement.

La révision interne

La révision comptable consiste en une vérification de la comptabilité pour s'assurer si à chaque écriture correspond une pièce et si chaque fait comptable a été correctement enregistré.
Cette révision contrôle et vérifie notamment les éléments suivants:

1 – Opérations qu'on a négligé d'enregistrer.
2 – Enregistrement d'opérations fictives, en particulier les ventes et paiements destinés à masquer des détournements de fonds ou de marchandises.
3 – Opérations imputées à des comptes qu'elles ne concernent pas.
4 – Erreurs d'additions et de reports.
5 – Maintien au bilan de comptes soldés ou qui auraient dû être soldés afin d'engendrer une obscurité comptable rendant les contrôles difficiles.

Le contrôleur vérifiera aussi d'autres éléments propres au fonctionnement de l'entreprise. Cette révision interne doit s'effectuer d'une manière continue et en toute indépendance. Elle doit aussi contrôler la bonne exécution des tâches d'ordre comptable dispersées dans l'entreprise.

Intervention de l'expert-comptable

La révision interne sera confiée à un employé de la maison et des précautions seront prises pour assurer son indépendance. Pour la *révision périodique* on fera appel à un expert-comptable étranger à l'entreprise. C'est le seul qualifié pour ce genre de travail, non seulement par ses qualifications professionnelles, mais aussi en raison de l'impartialité qu'il peut ainsi apporter à l'exécution de son mandat.

Prévenir mieux que guérir

Si certaines précautions ont été prises, le responsable peut espérer être à l'abri de la plupart des fraudes commises par les employés, quelle que soit la taille de l'entreprise; il devra aussi avoir présent à l'esprit que plus des trois quarts des fraudes comptables commises par les employés se rencontrent dans les entreprises où les patrons et les dirigeants eux-mêmes sont des fraudeurs...
L'exemple vient d'en haut.

LES FRAUDES DES PATRONS

Les fraudes comptables commises par les dirigeants et les patrons peuvent se classer en trois catégories:
- abus d'une situation privilégiée;
- fraudes fiscales;
- falsification des bilans.

Ces fraudes ne sont pas, dans leur ensemble, de même nature que celles commises par les employés. Elle n'en sont pourtant que plus graves et elles peuvent porter sur des sommes considérables.

LES ABUS DE PRIVILÈGES

Voyages d'affaires, cessions, rencontres, frais de représentation, voitures et chauffeurs, cadeaux sont souvent justifiés pour la bonne marche de l'entreprise. La tentation est grande d'abuser de la situation et d'autant plus qu'il n'est pas toujours facile de démarquer la frontière entre la part qui revient à l'entreprise et celle à la charge du patron et sa famille.

On peut admettre que certaines dépenses privées des dirigeants, telles que les salaires du chauffeur, du jardinier et des domestiques, soient réglées directement par l'entreprise, mais alors elles doivent être portées au débit du compte du bénéficiaire et non comme charges dans un compte « Salaires » ou « Frais généraux » à moins qu'elles ne soient un complément de traitement et alors déclarées comme avantages en nature.
On a vu des factures destinées aux besoins privés des dirigeants être libellées au nom de l'entreprise. Lors de contrôles, on a constaté que des achats destinés à l'usage privé du directeur tels que meubles, bijoux, voiture avaient été effectués au compte de l'entreprise.
Le cas est fréquent où des installations et aménagements tels que douches, carrelages, court de tennis, réparations de toitures, etc. soient portés au compte « Travaux faits par l'entreprise pour elle-même » ou « Immobilisations » alors qu'il s'agit de travaux effectués dans la propriété personnelle du directeur et pour son propre compte.
Profitant de sa situation privilégiée, un dirigeant fera porter au compte « Frais généraux » de son entreprise ses dépenses privées. Si le volume de ce compte « Frais généraux » s'amplifie trop et risque d'éveiller des soupçons, il en fera virer une partie à d'autres comptes de charges afin de rester dans les normes.
Des patrons ont amélioré sensiblement leur traitement en prélevant chaque mois un supplément qu'ils ont fait pudiquement imputer à un mystérieux compte baptisé « Prélèvements de caisse ». D'autres ont été assez astucieux pour faire inscrire deux fois la même facture en comptabilité, la deuxième fois leur procurant un supplément indus d'honoraires. Un autre procédé consiste à établir des « notes à payer » imprécises et à les faire porter, en fin d'exercice, au compte de régularisation passif. Au début du nouvel exer-

cice, on solde ces « notes à payer » par des chèques émis au profit d'un directeur. Les « Prêts à plus d'un an », les « Dépôts et cautionnements » et surtout les « Titres de participation » se prêtent à certaines fraudes qui peuvent porter sur des sommes considérables.
Un autre type de fraude, assez courant, consiste à nommer « conseiller technique » un directeur atteint par l'âge de la retraite. Cette fonction lui permet de recevoir de substantiels honoraires libres de toutes charges sociales.
Cette situation privilégiée des patrons et dirigeants permet toutes sortes de fraudes. Nous n'en donnons ici que quelques exemples.

La fraude fiscale

On trouve en librairie divers ouvrages qui dévoilent les rouages des grandes fraudes fiscales. Ces livres relatent le plus souvent d'incroyables histoires de manieurs d'argent qui ont fraudé l'Etat dans d'énormes proportions. Vers les années 60, le *Club des ferrailleurs*, par exemple, était une grande organisation dont les meneurs étaient de véritables gangsters. La fraude prit une telle ampleur qu'il fut un temps où un industriel ne pouvait guère se procurer du cuivre sans entrer dans le circuit de cette vaste organisation qui, par-dessus le marché, travaillait au profit d'une grande organisation étrangère. Le réseau des sociétés fictives était si complexe que l'administration fiscale désespéra un moment d'arriver à faire le jour sur cette affaire et d'en percer le mystère. Les grands escrocs sont habiles à utiliser à leur profit les failles des textes juridiques et toute nouvelle disposition de lutte contre la fraude enflamme leur imagination pour trouver les moyens de tourner la loi.
Un simple dirigeant d'entreprise, un petit patron n'a pas la

possibilité matérielle de commettre des fraudes d'une telle envergure; à son échelle il en commet d'autres dont le nombre prive la collectivité de ressources fiscales importantes.

La falsification des bilans

La falsification des bilans est une fraude commise dans le but de diminuer l'impôt ou de tromper un tiers. Un bilan peut être falsifié en le présentant soit plus favorable qu'il n'est en réalité soit en le dépréciant.
S'il veut contracter un emprunt, le patron aura intérêt à présenter un bilan favorable et qui donne au futur bailleur une bonne impression sur la marche de l'affaire. Si un associé est inquiet par des résultats peu satisfaisants, la tentation sera grande de lui présenter un excellent bilan pour le tranquilliser.
Une société dont les actions sont cotées en bourse trouvera facilement à placer un emprunt si son bilan est bon et, par ailleurs, la cotation des titres en sera heureusement influencée ce qui permettra la réalisation de fructueuses opérations. S'il s'agit d'une modeste entreprise que l'on veut vendre, un bon bilan permet de trouver un meilleur prix. Un commerçant qui veut céder son fond a tout intérêt à présenter son affaire en pleine prospérité.
Un bilan déplorable sera un argument de chantage à présenter aux créanciers: « Si vous êtes trop exigeants, c'est la faillite et vous risquez de tout perdre! » On cite le cas d'une entreprise de textiles dont le bilan a été falsifié pour amener à composition un groupe d'actionnaires minoritaires assez important en vue du rachat à bas prix des actions détenues par ce groupe.
Un associé qui se retire des affaires va céder ses parts à meilleur compte si le bilan laisse prévoir d'importantes

pertes au cours des prochains exercices; celui qui veut s'assurer le contrôle de l'entreprise qu'il dirige essaiera de déprécier le bilan pour acquérir à bon compte les parts qu'il convoite.
Pour falsifier un bilan, le patron fraudeur va sous-estimer des investissements, dissimuler des valeurs de l'actif, exagérer les frais généraux, pratiquer des amortissements excessifs, faire figurer des stocks considérables de marchandises démodées ou invendables, procéder à des ventes clandestines, omettre de comptabiliser des recettes, effectuer des opérations fictives se soldant par des pertes, etc. L'imagination est fertile et il y a toujours moyen de modifier un bilan dans le sens qui convient.

Les brevets fictifs

Les brevets d'invention ont donné lieu à de nombreuses fraudes. En l'occurrence, il ne s'agit pas de véritables brevets, mais plutôt de tours de main ou de recettes d'ateliers, sans grande valeur réelle mais pompeusement baptisés « brevets » pour les besoins de la cause et qui servent de support à la fraude.
Le brevet fictif est acheté très cher au soi-disant inventeur, ou propriétaire, qui n'est autre qu'un homme de paille et qui reçoit une modeste rémunération pour avoir prêté son nom. Le brevet figure à l'actif du bilan pour une somme élevée dont la contrepartie est tombée dans la poche du patron fraudeur. L'opération est d'autant plus fructueuse que la cession de brevet par le propriétaire jouit d'un statut fiscal privilégié.
Une autre fraude consiste à prendre un brevet au nom d'une filiale constituée pour la cause. Ensuite, la société mère absorbe la filiale en ayant bien soin de porter à l'actif de son bilan le brevet fictif pour une valeur très élevée.

Les filiales

Lorsqu'un groupe possède des filiales, surtout si elles sont situées à l'étranger, il dispose parfois de la possibilité de détournement de bénéfices bien difficile à déceler. G. Jenney, dans *Les Fraudes en comptabilité* (éd. Dunod), cite le cas d'un holding dont l'exercice devait se solder par une lourde perte et qui reprit à son compte une partie des bénéfices considérables d'une de ses filiales au moyen d'opérations fictives. Les bénéfices de la filiale furent fortement diminués et les pertes de la société mère presque absorbées.

Remèdes contre la fraude

Le sérieux de l'organisation reste toujours le premier élément de lutte contre la fraude. Le Plan comptable comporte de nombreuses dispositions légales et obligatoires des plus pertinentes en ce domaine.

Le Plan vise à normaliser les comptabilités et il propose une codification des comptes établis suivant le système décimal, une terminologie explicative et des précisions sur l'enregistrement des mouvements de valeurs qui lèvent des doutes et évitent des ambiguités. En mettant de la clarté et de l'ordre, il s'oppose à la maxime des fraudeurs – patrons et employés – qui pourrait se formuler ainsi:

Rendre compliqué ce qui est simple, ténébreux ce qui est clair afin de ne pas éveiller des soupçons et rendre les comptes si inextricables que les contrôles deviennent pratiquement impossibles.

Le Plan propose des modalités d'évaluation des différents éléments de l'actif et qui concernent aussi bien les marchandises en stock que les valeurs mobilières et les immobilisations.

La constitution des provisions et des réserves, la pratique des amortissements sont prévus dans le détail et des documents obligatoires doivent être joints au bilan fiscal.

L'impôt sur les sociétés

Le Code général des impôts fait obligation aux entreprises imposées d'après le bénéfice réel et les sociétés passibles de l'impôt sur les sociétés de joindre divers documents à l'appui de la déclaration de leurs résultats.
Des directives précises sont données en ce qui concerne des règles d'évaluation des avantages en nature, des rémunérations accordées aux personnes les plus payées dans l'entreprise, etc. La loi du 24 juillet 1966 sur les sociétés anonymes a, parmi ses objectifs, la lutte contre la fraude fiscale et la protection des actionnaires. Certaines infractions des dirigeants, mais aussi des experts-comptables et des commissaires aux comptes, sont punies de lourdes amendes et même de prison.
Une méthode des ratios utilisée pour l'analyse de bilans peut aussi servir à découvrir des « anomalies » comptables. Une instruction du ministère des Finances du 9 août 1972 présente l'utilisation des ratios dans l'administration pour le contrôle fiscal.

La révision interne

Les spécialistes de la fraude comptable insistent sur les révisions internes et donnent de pertinents conseils en se référant au cadre comptable classique. En voici les grandes lignes:

1 – *Trésorerie*. Séparer ordonnateur et payeur.
Qui signe les chèques?
Examiner le circuit de réception des espèces, des chèques et des effets.

Vérifier les prélèvements automatiques, les émissions automatiques de dépenses et d'autorisation de payer.
Vérifier les pièces de caisse.
Contrôler périodiquement la caisse et les effets à recevoir.
Qui est chargé des rapprochements bancaires?

2 – *Clients*. Analyses systématiques et périodiques.
Vérifier le système de relance, les dossiers contentieux.
Comment se récupèrent les taxes sur les créances irrécouvrables?

3 – *Ventes*. Contrôler la numérotation des factures, rapprocher bons de livraisons et factures, vérifier l'enregistrement des factures et leur montant.
Comment fonctionne le système des avoirs?
Contrôler les échantillons gratuits.

4 – *Achats*. Comment est organisé le système des bons de commande et des bons de réception?
Contrôler les tirages.
Vérifier les imputations comptables.
Vérifier la récupération des taxes.
Examiner avec soin les factures sans indication de registre de commerce ainsi que les sommes facturées sans indication des taxes.
Suivre le circuit des emballages à rendre.

5 – *Charges*. Examiner les ratios, les comparer à ceux d'entreprises similaires.
Reconstituer les taxes sur le chiffre d'affaires en partant du montant total des ventes.
Vérifier les calculs de la paye.
Contrôler les déclarations fiscales et sociales et le compte Sécurité sociale.

6 – *Stocks*. Examiner attentivement la rotation des stocks.
Inventaires permanents et périodiques.
Comment procède-t-on pour valoriser les stocks?

7 – *Produits*. Vérifier les heures supplémentaires.
Contrôler la comptabilité analytique, les statistiques.
Comparer les rendements avec les entreprises similaires.
Recouper comptabilité générale et comptabilité analytique.

Audit et contrôle de gestion

Le terme « audit » vient de l'ancienne expression *audition de compte* – celui qui écoute, examine et observe – et désigne à a fois la personne et l'opération elle-même. Cette dernière est synonyme de *contrôle interne*, pratiqué obligatoirement par un expert-comptable extérieur à l'entreprise et qui a pour objet de vérifier la régularité et la sincérité des comptes. « Les comptes annuels doivent être réguliers, sincères et donner une image fidèle du patrimoine de la situation financière de l'entreprise » (article 80 de la loi du 30 juillet 1983).
Le contrôle de gestion correspond à l'ensemble des dispositions prévues pour fournir aux responsables de l'entreprise des données chiffrées périodiques caractérisant la marche de l'entreprise.
En résumé, l'*audit* affirme que la comptabilité existe et qu'elle est correctement tenue, tandis que le *contrôle de gestion* fournit des renseignements sur la santé financière et la rentabilité de l'entreprise.

CONCLUSIONS

1 – Une sérieuse organisation, une révision comptable approfondie confiée périodiquement à un professionnel apportent déjà des éléments de vérité qui doivent caractériser toute comptabilité.

2 – Le présent chapitre semble convenir plus à des entreprises commerciales et industrielles qu'à de petites collectivités telles que des associations locales sans but lucratif (sportives, culturelles, amicales, etc.) où le personnel, peu nombreux et souvent bénévole, autorise des relations de caractère plus chaleureux entre ses membres et met à l'abri de désagréables surprises. Cependant des étrangers peuvent toujours être appelés pour compléter le petit groupe et il vaut mieux « prévenir que guérir ». C'est au chef en personne ou à son représentant qu'incombe le devoir de la surveillance de l'ensemble de l'organisation comptable et il doit exercer son contrôle avec vigilance mais aussi avec bienveillance et compréhension.

Chapitre XII
PLAN COMPTABLE GENERAL

Pour clore cet ouvrage d'initiation, il paraissait indispensable de préciser **les principaux comptes à trois chiffres** utilisés en comptabilité et qui vous seront nécessaires pour réaliser toutes vos écritures.

CLASSE 1 – COMPTES DE CAPITAUX

10 Capital et réserves

101 Capital individuel ou social
104 Primes liées au capital social
105 Ecarts de réévaluation
106 Réserves
108 Compte de l'exploitant
109 Actionnaires (*capital souscrit non appelé*)

11 Report à nouveau

110 Report à nouveau (*solde créditeur*)
119 Report à nouveau (*solde débiteur*)

12 Résultat de l'exercice

120 Résultat (*bénéfice*)
129 Résultat (*perte*)

13 Subventions d'investissement

131 Subventions d'équipement reçues
138 Autres subventions d'équipement reçues
139 Subventions d'équipement inscrites au compte résultat

14 Provisions réglementées

140 Provisions réglementées
142 Provisions réglementées (*relatives aux immobilisations*)
143 Provisions réglementées (*relatives aux stocks*)
144 Provisions réglementées (*autres éléments d'actif*)
148 Autres provisions réglementées

15 Provisions pour risques et charges

150 Provisions pour risques et charges
156 Provisions pour renouvellement des immobilisations
157 Provisions pour charges à répartir sur plusieurs exercices

16 Emprunts et dettes assimilés

160 Emprunts et dettes assimilés

17 Dettes rattachées à des participations

18 Comptes de liaison

180 Comptes de liaison des établissements, succursales et sociétés de participation.

CLASSE 2 - COMPTES D'IMMOBILISATIONS

20 Immobilisations incorporelles

200 Immobilisations incorporelles
201 Frais d'établissement
206 Droit au bail
208 Autres immobilisations incorporelles

21 Immobilisations corporelles

210 Immobilisations corporelles
211 Terrains
213 Constructions
215 Installations techniques, matériels et outillages industriels
218 Autres immobilisations corporelles

22 Immobilisations mises en concession

23 Immobilisations en cours

230 Immobilisations en cours
231 Immobilisations corporelles en cours

26 Participation et créances rattachées à des participations

261 Titres de participation

27 Autres immobilisations financières

274 Prêts
275 Dépôts et cautionnements versés

28 Amortissement des immobilisations

280 Amortissement des immobilisations incorporelles
281 Amortissement des immobilisations corporelles

29 Provisions pour dépréciation des immobilisations

290 Provisions pour dépréciation des immobilisations incorporelles
291 Provisions pour dépréciation des immobilisations corporelles
293 Provisions pour dépréciation des immobilisations en cours

CLASSE 3 - COMPTES DE STOCKS ET D'EN-COURS

31 Stocks approvisionnements: matières premières

311 Matière (*ou groupe*) A
312 Matière (*ou groupe*) B

32 Stocks approvisionnements: autres

321 Matières consommables
322 Fournitures consommables
327 Emballages

33 En-cours de production de biens

331 Produits en cours
332 Travaux en cours

34 En-cours de production de services

341 Etudes en cours
345 Prestations de services en cours

35 Stocks de produits

351 Produits intermédiaires
355 Produits finis
358 Produits résiduels (*ou matières de récupération*)

37 Stocks de marchandises

371 Marchandises (*ou groupe*) A
372 Marchandises (*ou groupe*) B

39 Provisions pour dépréciation des stocks et en-cours

391 Provisions des matières premières
392 Provisions des autres approvisionnements
393 Provisions des en-cours de production de biens
394 Provisions des en-cours de production de services
395 Provisions des produits
397 Provisions des marchandises

CLASSE 4 - COMPTES DE TIERS

40 Fournisseurs et comptes rattachés

400 Fournisseurs et comptes rattachés
401 Fournisseurs
403 Effets à payer (*pour achats de biens ou de prestations de services*)
409 Fournisseurs débiteurs

41 Clients et comptes rattachés

410 Clients et comptes rattachés
411 Clients
412 Clients douteux ou litigieux

413 Effets à recevoir (*sur ventes de biens ou de prestations de services*)
419 Clients créditeurs

42 Personnel et comptes rattachés

421 Rémunérations dues au personnel
422 Comité d'entreprise de l'établissement
424 Participation des salariés aux fruits de l'expansion
425 Avances et acomptes au personnel
426 Dépôts
427 Oppositions
428 Charges à payer

43 Sécurité sociale et autres organismes sociaux

431 Sécurité sociale
432 Autres organismes sociaux
438 Charges à payer et produits à recevoir

44 Etat et autres collectivités publiques

440 Etat et autres collectivités publiques
441 Subventions à recevoir
444 Impôt sur les bénéfices
445 Taxe sur le chiffre d'affaires

45 Groupes et associés – comptes courants

455 Associés

46 Débiteurs et créditeurs divers

460 Débiteurs et créditeurs divers
468 Produits à recevoir et charges à payer

47 Comptes transitoires ou d'attente

48 Comptes de régularisation

481 Charges à répartir sur plusieurs exercices
486 Charges constatées d'avance
487 Produits constatés d'avance
488 Comptes de répartition périodique de charges et de produits

49 Provisions pour dépréciation des comptes de tiers

491 Provisions pour dépréciation des comptes de clients
496 Provisions pour dépréciation des comptes de débiteurs divers

CLASSE 5 – COMPTES FINANCIERS

50 Valeurs mobilières de placement

503 Actions
506 Obligations
507 Bons du Trésor et bons de caisse à court terme
508 Autres valeurs mobilières de placement

51 Banque, établissements financiers

512 Banques
514 Chèques postaux
518 Autres organismes financiers

53 Caisse

530 Caisse
531 Caisse siège social
532 Caisse succursale (*ou usine*) A
533 Caisse succursale (*ou usine*) B

54 Régies d'avances et accréditifs

57 Virements internes

59 Provisions pour dépréciation des comptes financiers

590 Provisions pour dépréciation des valeurs mobilières de placement

CLASSE 6 – COMPTES DE CHARGES

60 Achats et variation de stock

600 Achats (approvisionnements, marchandises)
601 Achats d'approvisionnements à stocker (*matières premières*)
603 Variation de stocks
606 Achats d'approvisionnements non stockés
607 Achats de marchandises
608 Frais accessoires d'achat
609 Rabais, remises et ristournes obtenus sur achats

61 Charges externes en relation avec l'investissement

613 Location
615 Travaux d'entretien et de réparation
616 Primes d'assurance
617 Etudes et recherches
618 Documentation

62 Charges externes en relation avec l'activité

620 Services extérieurs (*en relation avec l'activité*)
621 Personnel intérimaire

622 Rémunération d'intermédiaires et honoraires
623 Publicité, propagande, publications
624 Transports de biens et transports collectifs du personnel
625 Déplacements, missions et réceptions
626 Frais postaux et télécommunications
627 Services bancaires
628 Charges externes diverses

63 Impôts, taxes et versements assimilés

631 Impôts, taxes et versements assimilés sur rémunérations (*administration des impôts*)
633 Impôts, taxes et versements assimilés sur rémunérations (autres organismes)
635 Autres impôts

64 Charges de personnel

640 Charges de personnel
641 Rémunération du personnel
642 Rémunération du travail de l'exploitant
643 Charges de sécurité sociale et de prévoyance
647 Autres charges sociales

65 Autres charges de gestion courante

66 Charges financières

661 Charges d'intérêts
665 Escomptes accordés
666 Pertes de change

67 Charges exceptionnelles

671 Charges exceptionnelles sur exercices en cours
674 Charges exceptionnelles sur exercices antérieurs

68 Dotation aux amortissements et aux provisions

681 Dotation aux amortissements et aux provisions (*charges d'exploitation*)
686 Dotation aux amortissements et aux provisions (*charges financières*)
687 Dotation aux amortissements et aux provisions (*charges exceptionnelles*)

69 Participation des salariés, impôts sur le bénéfice et impôts assimilés

691 Participation des salariés aux fruits de l'expansion
695 Impôts sur les bénéfices
697 Imposition forfaitaire annuelle des sociétés

CLASSE 7 – COMPTES DE PRODUITS

70 Ventes de produits fabriqués, prestation de services, marchandises

701 Ventes de produits finis
702 Ventes de produits intermédiaires
703 Ventes de produits résiduels
704 Travaux
705 Etudes
706 Prestations de services
707 Ventes de marchandises
708 Produits des activités annexes
709 Rabais, remises et ristournes accordés à l'entreprise

71 Produits stockés

72 Production immobilisée

73 Produits nets partiels sur opérations à long terme

74 Subventions d'exploitation

75 Autres produits de gestion courante

752 Revenus des immeubles non affectés aux activités professionnelles
755 Quote-part des opérations faites en commun

76 Produits financiers

764 Revenus des valeurs mobilières de placement
765 Escomptes obtenus
766 Gain de change

77 Produits exceptionnels

771 Produits exceptionnels (*exercice en cours*)
774 Produits exceptionnels (*exercices antérieurs*)
775 Produits de cessions d'éléments d'actif

78 Reprise sur amortissements et provisions

781 Reprises d'exploitation
786 Reprises sur comptes financiers
787 Reprises exceptionnelles

79 Transferts de charges

791 Transferts de charges à des comptes de bilan
796 Transferts de charges à d'autres comptes de charges.

CORRIGES DES EXERCICES

Exercice 1

COMPTE DE M. BARATTE

Restait dû		90
Livraisons beurre		62
Livraisons œufs		72
Livraisons fromages		38
Acompte	60	
	60	262
Reste à payer	202	
	262	262

Exercice 2

CAISSE DE JEAN-JACQUES

En poche	100	
Reçu pour services rendus	100	
Anniversaire	150	
Carte de piscine		50
Livres, papeterie		80
Cinéma, patinoire		50
Disque		30
Prêt		100
	350	310
Reste en caisse		40
	350	350

Exercice 3

BALANCE THOMAS

Caisse	8 900	4 640
Frais de voiture	1 200	
Frais de voyage	3 000	
Frais divers et imprévus	440	
Ventes		8 900
	13 540	13 540

Exercice 4

COMPTE BERTRAND

Acompte		1 000
Pension	1 600	
Frais divers	184	
"monnaie"	116	
Chèque		900
	1 900	1 900

Exercice 5

BALANCE ODILE

Caisse	2 500	2 400
Philippe		400
Christian	2 100	
Simone	100	
Vente produits jardin		1 200
Vente produits laitiers		900
Dépenses	200	
	4 900	4 900

Exercice 6

BALANCE MADEMOISELLE ROSE

Banque	3024	1435
Chèques postaux	1512	3843
Caisse	4123	364
Achats de fleurs	2002	
Charges diverses	3640	
Ventes de fleurs		8659
	14301	14301

Exercice 7

FOURNISSEUR BONNE-PÂTE

Ses factures		7700
Mes règlements	5460	
Solde	2240	

Exercice 8

CLIENT COCOTTE

Mes factures	3090	
Ses règlements		2975
Solde		115

Exercice 9

BALANCE

Fournisseur Bonne-Pâte	5460	7700
Client Cocotte	3090	2975
Banque	710	2900
Chèques postaux	1465	2000
Caisse	800	560
Achats de marchandises	7700	
Ventes de marchandises		3090
	19225	19225

Exercice 10

CLIENT CARTON

Mes factures	7700	
Ses règlements		5460

FOURNISSEUR CARTON

Ses fournitures	2975	
Mes règlements		3090

Exercice 11

BILAN DU GROUPE DE JEUNES

Capital		3250
Matériel	1765	
Stocks	1920	
Prêts	100	
Factures à payer		900
Caisse	365	
	4150	4150

Exercice 12

BILAN DE LA FERME

Capital		385 050
Immobilisations (terres, bâtiments, cheptel)	1 012 500	
Prêts (enfants et coopérative)	144 500	
Emprunts (Crédits Agricole et Foncier)		850 000
Stocks (denrées)	22 500	
Valeurs mobilières	45 000	
Trésorerie (caisse, chèques, banque)	30 800	
Effets à payer (traites)		20 250
	1 255 300	1 255 300

Exercice 13

BILAN DE "MIMI & PHIPHI"

Capital		400 000
Immobilisations (mobilière, install., matériel, voiture)	372 750	
Prêts	168 500	
Emprunts (Jean-Jacques, Olivier et Micro-Bidule)		262 650
Fournisseurs (factures)		94 500
Effets à payer (traites)		108 000
Trésorerie (caisse et chèques)	323 900	
	865 150	865 150

Exercice 14

Bilan de "Mimi & Phiphi"

Capital		400000
Immobilisations	372750	
Trésorerie	27250 [1]	
	400000	400000

[1] 27250 = 323900 + 168500 – 262650 – 94500 – 108000

Exercice 15

Bilan n° 1 Antoine

Capital		800000
Valeurs mobilières	600000	
Caisse	200000	
	800000	800000

Exercice 16

Bilan n° 2 Antoine

Capital		800000
Immobilisations (maison)	720000	
Emprunt		400000
Trésorerie (banque et caisse)	480000 [1]	
	1200000	1200000

[1] 480000 = 600000 + 200000 – (720000 – 400000)

Exercice 17

BILAN N° 3 ANTOINE

Capital		800000
Immobilisations	1066000 [1]	
Emprunt		600000
Effets à payer		300000
Valeurs mobilières	250000	
Trésorerie	384000 [2]	
	1700000	1700000

[1] 1066000 = 720000 + 300000 + 10000 + 12000 + 24000
[2] 384000 = 480000 − 12000 − 10000 − 24000 − 250000 + 200000

Exercice 18

BILAN N° 1 DUCOIN

Capital		14000
Immobilisations	90000	
Emprunt		100000
Fournisseurs		12000
Clients	22000	
Effets à payer		4000
Trésorerie	18000	
	130000	130000

Exercice 19

BILAN N° 2 DUCOIN

Capital		14000
Immobilisations	90000	
Emprunt		100000
Fournisseurs		6000 [1]
Clients	21000 [2]	
Effets à payer		2000 [3]
Trésorerie	34500 [4]	
Résultat		23500
	145500	145500

Total produits	32000
Total charges	– 8500 [5]
Résultat	23500

[1] 6000 = 12000 – 4000 – 2000
[2] 21000 = 22000 – 1000
[3] 2000 = 4000 – 2000
[4] 34500 = 18000 + 32000 – 6000 – 1600 – 300 – 200 – 400 – 6000 – 2000 + 1000
[5] 8500 = 6000 + 1600 + 300 + 200 + 400

Exercice 20

BILAN INITIAL "ODET & ODETTE"

Capital		16100
Immobilisations	30500 [1]	
Fournisseurs		1600
Effets à payer		19200 [2]
Trésorerie	6400	
	36900	36900

[1] Voiture, meubles, cuisine, réfrigérateur et télévision.
[2] Traites: 19200 = 9000 + 3000 + 4000 + 1200 + 2000

Exercice 21

BILAN AU 1ER JUILLET "ODET & ODETTE"

Capital		16100
Immobilisations	30500	
Fournisseurs		400 [1]
Effets à payer		16620 [2]
Valeurs de placement	4000	
Trésorerie	11660 [3]	
Résultat juin		13040
	46160	46160

Total produits (appointements et primes)	15450
Total charges (alimentation, frais voiture, gaz)	– 2410
Résultat	13040

[1] 400 = 1600 – 1200
[2] 16620 = 19200 – 2580
[3] 11660 = 6400 + 15450 – 2410 – 2580 – 1200 – 4000

Exercice 22

BILAN N° 1 ODILE

Capital		3000
Immobilisations	2400	
Emprunt		3000
Effets à payer		1600
Trésorerie	5200 [1]	
	7600	7600

[1] 5200 = 3000 (emprunt) – 800 (⅓ comptant machine) + 3000 (capital)

Exercice 23

BILAN N° 2 ODILE

Capital		3 500
Immobilisations	2 400	
Emprunt		3 000
Effets à payer		800
Trésorerie	6 420 [1]	
Résultat		1 520
	8 820	8 820

Recettes	3 200
Dépenses	− 1 680
Résultat	1 520

[1] 6 420 = 5 200 + 3 200 (ventes) − 1 680 (achat) − 800 (traite) + 500 F (capital)

Exercice 24

BILAN N° 3 ODILE

Capital		3 500
Immobilisations [1]	8 400	
Emprunt		3 000
Effets à payer		6 000
Trésorerie [2]	15 820	
Résultat		11 720
	24 220	24 220

Recettes	10 800
Dépenses	− 600
	10 200
Bénéfice antérieur	+ 1 520
	11 720

[1] 8 400 = 2 400 + 6 000 (matériel)
[2] 15 820 = 6 420 + 10 800 (ventes) − 600 (frais) − 800 (traite)

Exercice 25

BILAN N° 4 ODILE

Capital		5900
Immobilisations	26900 [1]	
Emprunt		3000
Effets à payer		19900 [2]
Trésorerie	25670 [3]	
Résultat		23770
	52570	52570

Recettes	13800
Dépenses	1750
Résultat	12050
Bénéfice antérieur	11720
	23770

[1] 26900 = 8400 + 18500
[2] 19900 = 6000 + 15500 (traite matériel de liquidation) − 1600 (traite)
[3] 25670 = 15820 − 3000 (acompte) − 1600 (traite payée) + 13800 (ventes) − 1750 (frais) + 2400 (loto)

Exercice 26

BILAN N° 5 ODILE

Capital		5 900
Immobilisations	80 900 [1]	
Effets à payer		36 000
Trésorerie	68 770 [2]	
Résultat		107 700
	149 670	149 670

Recettes	90 000
Dépenses	– 6 000
Bénéfice	84 000
Bénéfice antérieur	+ 23 770
Résultat	107 770

[1] 80 900 = 26 900 + 54 000 (achat liquidation)

[2] 68 770 = 25 670 – 18 000 (acompte matériel liquidation) – 19 900 (paiement anciens effets) – 3 000 (règlement emprunt) + 90 000 (commandes) – 6 000 (frais)

Exercice 27

RÉSULTAT

Stocks début exercice	12 000	
Stocks fin exercice		11 500
Charges exercice	96 000	
Produits exercice		144 000
Sur exercices antérieurs:		
– charges	3 500	
– produits		9 500
Charges exceptionnelles	23 700	
Produits exceptionnels		7 200
Résultat	37 000	
	172 200	172 200

Exercice 28

RÉSULTAT

Stocks début exercice	24 200	
Stocks fin exercice		25 800
Charges exercice	136 300	
Produits exercice		187 700
Sur exercices antérieurs		
– charges	5 650	
– produits		150
Charges exceptionnelles	300	
Produits exceptionnels		2 800
Résultat	50 000	
	216 450	216 450

BILAN FIN EXERCICE

Capital		100 000
Immobilisations	130 000	
Effets à payer		32 650
Stocks	25 800	
Fournisseurs		17 350
Clients	18 100	
Trésorerie	26 100	
Résultat		50 000
	200 000	200 000

Exercice 29

Bilan d'ouverture

Capital		40000
Immobilisations	43000	
Stocks	31720	
Fournisseurs		20980
Clients	14070	
Effets à payer		39020
Trésorerie	11210	
	100000	100000

Résultat

Stocks début exercice	31720	
Stocks fin exercice		32800
Charges exercice	183286	
Produits exercice		201175
Sur exercices antérieurs		
– charges	5089	
– produits		6120
Charges exceptionnelles	7100	
Produits exceptionnels		2100
Résultat	15000	
	242195	242195

BILAN DE CLÔTURE

Capital		40000
Immobilisations	45000	
Stocks	32800	
Fournisseurs		7827
Clients	1971	
Effets à payer		37173
Trésorerie	20229	
Résultat		15000
	100000	100000

Exercice 30

		Débits	Crédits
530	Caisse	6890	
700	Ventes		6890
	(ventes au comptant)		
600	Achats de marchandises	920	
616	Prime d'assurance	1625	
626	Fournitures de bureau	412	
530	Caisse		2957
510	Banque	7145	
700	Ventes		7145
	(ventes au comptant)		
600	Achats de marchandises	2748	
640	Acompte sur salaires	2500	
650	Frais divers de gestion	2500	
510	Banque		7748
		24740	24740

Exercice 31

		Débits	*Crédits*
215	Matériel, mobilier, immobilisations	112 000	
215	Outillage	57 000	
215	Fourgonnette	15 000	
300	Marchandises	46 500	
410	Clients	5 000	
512	Banque	5 000	
514	Chèques postaux	3 500	
530	Caisse	6 000	
100	Capital		50 000
160	Emprunt		100 000
400	Fournisseurs		25 000
405	Effets à payer		75 000
		250 000	250 000

Exercice 32

GROUPE DE JEUNES

		Débits	*Crédits*
210	Matériel	1 765	
300	Stocks	1 920	
460	Prêts	100	
530	Caisse	365	
100	Capital		3 250
400	Factures à payer		900
		4 150	4 150

Exercice 33

"Mimi et Phiphi"

		Débits	*Crédits*
215	Mobilier	135000	
215	Installations	150000	
215	Matériel	67500	
215	Voiture	20250	
274	Prêt Loulou	87500	
274	Prêt Pierrot	33750	
274	Prêt divers	47250	
514	Chèques postaux	303700	
530	Caisse	20200	
100	Capital		400000
160	Emprunt J.J.		135000
160	Emprunt Olivier		54000
160	Emprunt Micro-Bid.		73650
400	Fournisseurs		94500
405	Effets à payer		108000
		865150	865150

Exercice 34

FERME DE MARIE-CLAIRE

		Débits	Crédits
211	Terrains	225 000	
213	Bâtiments	450 000	
215	Cheptel vif	90 000	
215	Cheptel mort	247 500	
270	Prêts enfants	12 500	
270	Prêts Coopérative	132 000	
300	Stocks	22 500	
500	Valeurs de placement	45 000	
512	Banque	12 800	
514	Chèques postaux	11 250	
530	Caisse	6 750	
100	Capital		385 050
160	Emprunt C.A.		450 000
160	Emprunt C.F.		400 000
405	Effets		20 250
		1 255 300	1 255 300

Exercice 35

DUCOIN, ÉPICIER

		Débits	Crédits
210	Immobilisations	90000	
410	Clients	22000	
512	Banque	9000	
514	Chèques postaux	9000	
100	Capital		14000
160	Emprunt		100000
400	Fournisseurs		12000
405	Effets à payer		4000
530	Caisse	32000	
700	Ventes		32000
600	Achats marchandises	6000	
615	Entretien	300	
628	Eau, gaz, électricité	200	
640	Salaires	1600	
650	Frais divers de gestion	400	
530	Caisse		8500
400	Fournisseurs	4000	
405	Effets à payer	2000	
512	Banque		6000
514	Chèques postaux	1000	
400	Fournisseurs	2000	
410	Clients		1000
514	Chèques postaux		2000
		179500	179500

Exercice 36

ODILE

		Débits	*Crédits*
530	Caisse	6000	
210	Matériel	2400	
100	Capital		3000
160	Emprunt		3000
530	Caisse		800
405	Effets à payer		1600
530	Caisse	3700	
600	Fournitures de bureau	1680	
405	Effets à payer	800	
700	Travaux		3200
100	Capital		500
530	Caisse		2480
530	Caisse	10800	
650	Frais de gestion	600	
405	Effets à payer	800	
700	Travaux		10800
530	Caisse		1400
215	Matériel de bureau	6000	
405	Effets à payer		6000
215	Matériel de bureau	18500	
530	Caisse		3000
405	Effets à payer		15500
405	Effets à payer	1600	
530	Caisse	13800	
530	Caisse		1600
700	Travaux		13800
600	Fournitures de bureau	1750	
530	Caisse	2400	
530	Caisse		1750
100	Capital		2400
		70830	70830

Exercice 37

Fabrique Goujon

		Débits	Crédits
200	Immobilisations	43000	
300	Stocks	31720	
410	Clients	14070	
500	Trésorerie	11210	
100	Capital		40000
400	Fournisseurs		20980
405	Effets à payer		39020
	(bilan d'ouverture)		
300	Stocks début exercice	31720	
600	Charges exercice	183286	
671	Charges exceptionnelles	7100	
674	Charges sur exercices antérieurs	5089	
120	Résultat exercice		227195
120	Résultat exercice	242095	
300	Stock fin exercice		32800
700	Produits exercice		201175
771	Produits exceptionnels		2000
774	Produits antérieurs		6120
	(résultat exercice)		
200	Immobilisations	45000	
300	Stocks	32800	
410	Clients	1971	
500	Trésorerie	20129	
500	Capital		40000
120	Résultat		14900
400	Fournisseurs		7827
405	Effets à payer		37173
	(bilan de clôture)		

BIBLIOGRAPHIE

On trouve en librairie de nombreux ouvrages pour apprendre soi-même la comptabilité ou pour se perfectionner. Nous conseillons le *Dictionnaire de la comptabilité* publié par la Revue Fiduciaire. Il s'agit d'un dictionnaire de mille pages sur deux colonnes et d'un prix abordable. Le lecteur y trouvera aussi de nombreux rappels de droit fiscal, de droit commercial et de droit social. C'est dire qu'il s'agit d'un précieux outil de travail destiné aussi bien aux professionnels de la comptabilité qu'aux profanes.

Table des matières

Achevé d'imprimer
en mai 1998
à Omegna (Vb), Italie, sur les presses
de Nuove Grafiche Artabano

Dépôt légal : mai 1998
Numéro d'éditeur : 5372